KB169958

비판적 다층적 언어정책 연구

Critical, Multi-layered Language Policy

비판적 다층적 언어정책 연구
Critical, Multi-layered Language Policy

발행일   1판 1쇄 2024년 7월 31일

지은이   최혜령(崔惠玲)

펴낸이   박영호
기획팀   송인성, 김선명
편집팀   박우진, 김영주, 김정아, 최미라, 전혜련, 박미나
관리팀   임선희, 정철호, 김성언, 권주련

펴낸곳   (주)도서출판 하우
주소   서울시 중랑구 망우로68길 48
전화   (02)922-7090
팩스   (02)922-7092
홈페이지 http://www.hawoo.co.kr
e-mail   hawoo@hawoo.co.kr
등록번호   제2016-000017호

ISBN 979-11-6748-151-1 93700

값 12,000원

이 책은 2021年度 复旦大学亚洲研究中心 学术科研项目 지원을 받음.

비판적 다층적
언어정책 연구

최혜령(崔惠玲)

Critical, Multi-layered
Language Policy

도서 출판 夏雨

목차

제1부

언어정책 개론

I.

문제의식에서 비롯된 언어정책 연구

최초의 언어정책 교과서라 불리는 Eastman(1983)은 언어정책 연구가 왜 필요한지에 대해 언급하면서 이중언어 교육 및 독해정책에 교육자들이 어떤 기여를 할 수 있는지, 국가언어와 공식언어 등에서 정치인들은 어떤 선택을 해야 하는지, 사회에 대한 언어의 역할을 사회학자들은 어떻게 이해해야 하는지, 무역과 상품거래에 대한 피진어(pidgin)의 역할을 경제학자들은 어떻게 이해해야 하는지 등 미시적 사례와 분석도 곁들이고 있다. 보다시피 언어정책은 문제해결을 위한 다학제적 영역이라 할 수 있다.

1.1 Eastman(1983)이 제시한 문제들

첫째는 히브리어의 정자법(正字法) 문제이다. 현재 이스라엘에서 사용되는 히브리어는 현대 히브리어인데 유대인들이 세계 각지에 뿔뿔이 흩어져 살고 있을 때 사용했던 종교언어 역시 히브리어였고 구약 성경도 히브리어로 적혀 있다. 1948년 팔레스타인에 돌아와 대규모 정착지를 만들었던 유대인들은 이스라엘을 건국하면서 교류의 편의를 위해 언어통일이 필요함을 실감하게 되었고 이는 히브리어 부활의 계기가 되었다. 히브리어의 부활을 위해서는 정자법(正字法)이 필요했는데 고대 철자법과 현대 철자법 사이에서 어떤 것을 사용할지가 그 핵심이었다.

둘째는 동아프리카 국가들이 왜 스와힐리어를 공식언어로 채택했는지 하는 문제이다. 프랑스의 장기 식민통치를 받아온 아프리카는 통용언어가 프랑스어였고 다양한 부족언어가 공존하던 상황에서 어떤 언어를 공식언어로 채택할지가 이슈로 대두되었다.

셋째는 아일랜드 내에서의 아일랜드어와 영어 이중언어 환경 구축 문제였다. 아일랜드인들은 민족문화 유지와 자녀들의 아일랜드어 학습을 원했지만 아일랜드어만으로는 취직을 할 수 없었고, 생존경쟁을 위한 영어학습은 헤리티지 언어인 아일랜드어의 위기를 초래할 수도 있다는 갈등에 직면하게 되었다.

넷째는 다양한 언어가 공존하는 인도가 직면한 공식언어 지정 문제였다. 영국식민지였던 인도는 영국이 철수한 뒤에도 오랫동안 공식언어를 선택하지 못했고 최종적으로 10개가 넘는 공식언어를 채택하긴 했지만 공식언어의 혼란으로 영어가 사실상 공식언어로 자리잡게 되었다.

보다시피 언어정책은 2차대전 이후 빠른 발전을 이룩하였는데 그 원동력은 인간이 직면한 현실문제들이었음을 알 수 있다. 대부분 이슈는 국가가 직면한 문제로 시행가능한 솔루션이 시급했고 언어정책은 사회언어학의 지류로 주목을 받게 되었다.

문제해결을 위한 언어정책은 결국 응용언어학에 귀속되게 된다. Haugen(1966)은 '정책은 인간활동의 일종으로 문제해결에서 시작된 것'이라고 했다. 한마디로 불만족스러운 언어현상이나 문제에 대한 정책연구 수요가 발생했고 이를 기반으로 1960년대부터 언어문제와 정책 간 연결이 시작되었다. 문제해결을 위한 언어정책은 사회변화를 감안하여 미래지향적으로 진행되어야 하는데 이를 위해서는 언어정책 시행가능성에 대한 평가가 필요할 것이다.

1.2 Ricento(2006)가 제시한 연구문제

Ricento는 '언어정책 개론'(2006)에서 언어정책과 관련된 다양한 질문을 던진다. 첫째는 표준어가 방언보다 더 나은가 라는 현실적 문제이다. 언어정책이 문제해결이라는 명확한 취지를 갖고 있지만 사회와 시대환경의 변화와 더불어 소위 '문제'들도 변하기 마련이다. 당시 지식인의 영혼을 찔렀던 Ricento의 질문도 10여년이 흐른 지금은 열기가 식었고 또 다른 문제들이 제시되고 있다.

둘째는 왜 일부 디아스포라는 세대를 거듭하면서도 헤리티지 언어를 유지하고 있는가 라는 질문이다. 독일계 미국인 또는 노르웨이계 미국인들은 미국 이주 뒤 몇세대가 지났음에도 불구하고 헤리티지 언어를 유지하고 있다. 하지만 일부 디아스포라는 한 두세대가 지나면 헤리티지 언어를 완전히 상실하고 만다. 그 배후에는 어떤 매커니즘이 작동하는 것일까? 사회적, 정치적, 경제적 매커니즘인지 아니면 기타 어떤 이유인지 살펴볼 필요가 있을 것이다. 이민을 경험하지 않는 현지인들 중에도 헤리티지 언어가 아닌 기타 주류언어에 집중하는 사례가 적지 않다. 영어유치원, 국제학교, 외국어학교 등에 자녀를 보내는 학부모들은 왜 헤리티지 언어를 선택하지 않으려 하는 것인가?

셋째는 영어 글로벌화가 개발도상국의 원주민 언어 또는 비주류언어의 주변화 나아가 멸종을 가져올 수 있지 않을까 라는 질문이다. 만약 그렇다면 그건 바람직한 결과인가?

언어정책에 대한 관심이 날로 커져가는 이유도 문법연구 대비 더 현실감 있는 이슈를 다루기 때문이 아닐까. 인간은 언어를 사용하는 사회적 인간이기 때문에 사회적 이슈와 관련된 언어문제에 대해 탐구욕과 해결본능이 작동했기 때문이었을 것이다.

생존권이 보장되지 못한 일부 저개발국에서는 여전히 언어학을 필요없는 학문이라 여기는 경우가 있다. 생존 및 발전 대비 언어학 문제가 현실적으로 와닿지 않는 이유에서이다. 때문에 나이제리아 언어학자인 Bamgbose(1989)는 개도국 언어학자들은 언어정책 연구와 같은 유용한 연구를 해야 한다고 지적했고 에스토니아 언어학자인 Tauli(1968)는 언어정책 연구의 대부분이 표상에만 머물러 있다고 하면서 복잡한 언어정책을 연구하기 위해서는 '언어정책 이론(Theory of Language Planning)' 구축이 필요하다고 주장했다.

Ⅱ.

언어정책의 정의

언어정책은 '언어개혁, 언어발전, 언어계획, 언어관리, 언어 거버넌스' 등 다양한 용어로 사용되기도 한다. 그 중 가장 많이 사용되는 용어인 '언어정책'은 2차대전 이후 유럽과 미국 학계에서 학문영역으로 인정받아 광범위하게 연구되기 시작했다.

'언어정책(language planning)'은 Haugen(1959)에서 처음 사용되었다는 것이 학계의 정설이다. 하지만 Haugen은 Weinreich가 1957년 세미나 명칭에서 'language planning'을 사용했다고 주장한다.

미국 언어학회 회장 및 미국 방언학회 회장을 역임한 노르웨이계 미국인 Haugen은 이중언어 사용자였다. 그는 노르웨이어의 표준화 관련 연구를 대량 진행했는데 '언어의 생태학' 이라는 저서에는 그의 대표작들이 수록되어 있다. 사회언어학의 대표학자 Weinreich가 1953년 출판한 저서 '언어의 접촉(Languages in Contact)'은 오랫동안 학계의 주목을 받아왔다. Haugen과 마찬가지로 Weinreich 역시 폴란드계 미국인인 이중언어자였다. Weinreich는 40세에 일찍 세상을 타계했지만 사회언어학의 대표주자로 일컬어지는 Labov를 육성한 스승이기도 하다. 그들의 이중언어학적 배경은 언어정책에 대한 관심으로 이어졌다.

언어의 불평등에서 기인된 기득권은 현상타파 의욕을 거의 갖고 있지 않았고 반대로 언어사용의 소외된 주변부에 처해있던 사람들이 비합리적인 현실적 언어문제를 발견하고 언어개혁을 고민하게 되었던 것이다.

더 일찍 거슬러 올라가면 1946년에 출판된 *On the Choice of a Common Language*(공통언어의 선택에 관하여) 라는 저서에도 'language planning'이라는 키워드가 사용되고 있다. 이 책의 저자인 Henry Jacob은 1947년에 *A Planned Auxiliary Language*(계획된 보조언어) 라는 저서를 출판하는데 내용은 1946년 버전과 유사하다. 1944년에 출판된 *The Loom of Language*(언어의 방직기) 에서도 'language planning'이 빈번하게 사용되었는데 주로 계획된 언어(planned language) 관련 내용이었다. 계획된 언어는 언어정책의 산물로 언어변화에 대한 인간의 의도적 개입을 분석하고 연구할 수 있는 영역이기도 하다. 의사소통 차원에서 보면 사회화 과정을 거친 계획된 언어와 자연언어 간 가장 큰 차이점은 인간의 의도적 계획성에 있다고 할 수 있다. 'language policy'가 처음 사용된건 *A school language policy for Puerto Rico*(1945)라는 저서였다.

다음은 언어정책의 정의변화를 살펴보도록 하자.

1959년 Haugen은 '언어정책'을 '정자법, 문법과 사전을 규범화하는 행위로 비동질적 언어공동체 내의 문어체와 구어체를 제시하기 위함'이라고 정의했다. '비동질적 언어공동체'는 당시 발생한 언어문제 였음을 추론할 수 있다. Haugen은 해당 정의에 대해 '언어정책의 핵심은 선택적 방식으로 기존 언어형식에 대해 판단을 하는 행위'라고 부연설명을 하기도 했다. 1966년 Haugen은 '언어정책은 언어공동체에 목표, 정책과 과정을 제공하는 행위'라는 내용을 추가하게 된다.

언어변화의 가장 큰 구동력은 언어사용자가 처한 정치, 경제, 역사, 문화와 사회 등인데 이런 요소의 영향으로 인간의 언어는 다양성을 갖게 된다. 언어는 의사소통 과정에서 변화를 겪게 되지만 사회발전의 수요와 더불어 인간의 개입을 통해 언어의 변화를 이끌어내기도 한다. Tauli(1968)은 '언어정책은 기존 언어를 조정 또는 개선하는 것, 새로운 지역적, 전국적 또는 국제적 언어를 창조하는 행위'라고 했다. 이 정의를 계기로 언어정책은 에스페란토어 창제를 위한 학과로 자리잡게 되었다. Tauli(1968)은 언어정책이 음성학, 어휘학, 문법과 정자법 등 문어체와 구어체의 여러 영역에 관련된다고 주장한다. 자연언어에 대한 대부분 정책적 행위는 이러한 영역에 걸쳐 진행되는데 그런 의미에서 언어정책은 자연어와 계획된 언어의 연결고리로 이해할 수 있다. 전자와 후자의 가장 큰 차이점 역시 인간의 의도적 개입이라 할 수 있다.

예를 들면 아이슬란드어는 자연언어 중에서 인간의 개입이 가장 적은 언어인데 유럽대륙에서 멀리 떨어져있고 상대적으로 폐쇄된 환경에 처해있어 외부 영향을 적게 받다보니 그렇게 된 것으로 해석된다. 하지만 세계경제와 과학기술의 발전으로 아이슬란드어 역시 이

간의 개입을 필요로 하게 되었고 신조어 등과 관련해 언어정책의 필요성이 대두되게 되었다.

인간의 개입 가능성은 언어정책의 또다른 특징인 목적성을 의미한다. Rubin & Jernudd(1971)에서는 언어정책을 '목적성 있는 언어변화로 언어체계나 언어사용 관련 변화'라고 정의했다. 언어정책은 특정 취지 하에 설립된 기관 또는 정책시행 권한을 부여받은 기관에서 추진하고 통상적으로 탑다운 방식으로 진행되며 언어정책의 주요목표는 솔루션 및 그에 대한 평가로, 최고의, 최적의 또는 가장 효과적인 솔루션을 찾아내는 것이라고 했다.

Thorburn(1971)은 인간이 다양한 언어지식으로 불특정 다수의 언어행위를 변화하려고 할 때 언어정책이 생겨나게 된다고 한다. 즉 언어정책은 자신의 언어행위를 변화하는게 아닌 타인을 상대로 하는 언어행위라는 것이다.

Jyotirindra & Das Gupta(1971)은 언어정책은 이상주의가 아닌 사회 언어문제 해결을 위한 정치적 행동으로 언어학 영역에 속한다고 주장한다. 또한 체계적으로 제정된, 목적성을 갖춘 언어정책은 일정 기간 내에 공동체의 언어자원을 모으고 발전시킨다고 한다.

언어정책 연구의 대표학자인 Fishman(1973)은 언어정책을 '언어문제의 솔루션을 찾는 조직적 행동으로 통상적으로 국가 차원에서 진행된다'고 정의한다.

Weinstein(1980)은 언어정책을 '정부에서 권한을 부여받아 의사소통 문제해결을 위해 진행하는 장기적이고 연속적이며 의도적인, 언어의 사회적 기능을 변화시키는 노력'이라고 정의한다.

이상 1950년대에서 1980년대까지의 언어정책 정의를 살펴보면 언어정책은 언어문제 해결을 위한 학문이고 언어 자체를 뛰어넘어 언어와 관련된 사회문제를 연구한다는 공통된 인식을 찾아볼 수 있다. 때문에 일부에서는 언어를 계획하는건 사회를 계획하는 것과 마찬가지라 하기도 한다. 물론 시대별로 언어정책의 연구주제는 항상 변해왔다. 1950년대에는 표준화를 위한 언어정책, 1960년대에는 언어문제 및 해결을 위한 언어정책, 1970년대에는 언어변화 관리 및 실천을 위한 연구가 진행되었다.

Cooper(1989)는 대표저서인 '언어정책과 사회변화'에서 언어정책을 '타인의 언어행위에 영향을 미치는 의도적 행위'라고 정의하였다. 한마디로 언어정책은 자신이 아닌 타인에게 영향을 미친다는 것이다.

기능문법의 창시자인 Halliday는 언어정책을 자연적으로 변화되는 체계에 인위적인 설계를 가미하는 것이라고 했다. 즉 전통적이고 자연적인 언어에 인위적 요소를 추가한다는 것이다. 언어정책의 학문적 가치와 의미는 자연언어 속의 인위적 요소에 있다고 해도 과언이 아니다. Halliday는 언어정책의 핵심은 언어형식이 아닌 언어와 사용자간 관계에 있다고 주장한다.

Tonkin(2017)은 언어정책을 '언어선택 과정에 대한 의도적 개입'이라고 정의하면서 선택에 대한 영향을 강조했다. Tollefson(1991)은 언어를 계획하는 것은 불평등을 계획하는 것이라고 주장한다. 대부분 언어정책은 이미 표준어 사전이나 문법제정에서 벗어나 언어기능 계획을 통해 언어의 위상이나 사용범위를 변화시키고 있음이 증명되고 있다.

Mackey(2010)은 언어정책을 '언어다양성에 대한 사회적 조정'이라 정의한다. 특정 언어의 위상이 변화되었다는 건 언어 다양성의 구도에 변화가 발생했다는 것을 의미한다. 캐나다의 경우, 프랑스 식민지였던 퀘벡 지역에서는 프랑스어 사용자가 영어사용자 대비 소수그룹이었다. 프랑스어의 위상을 보호하기 위해 캐나다 정부는 퀘벡주 내 프랑스어 사용 및 보호정책을 제정하게 되었다.

호주 또한 1960-70년대에 대량의 아시아 이민, 특히 동남아 이민이 몰려들면서 대부분 이민자들이 영어에 익숙치 않아 영어 비사용자 비율이 상승하는 상황이 발생하였다. 호주는 당시 Joseph Lo Bianco에게 다양한 언어의 관계 및 영어의 위상을 정립하는 언어정책 제정을 의뢰하였고 최종적으로 1987년 '국가언어정책'을 발표하는데 이는 호주의 첫번째 국가차원의 언어정책이자 영어권 국가에서 처음으로 발표된 다언어정책이었다. 호크 호주총리는 해당 언어정책을 '다양한 언어자원이 호주의 국익 확보에 어떤 도움이 될 것인지에 관한 청사진'이라고 설명했다. 한마디로 언어다양성 유지를 위한 언어생태계 구축을 취지로 하는 언어정책이라는 것이다. 이는 1950-60년대 공식언어의 확립, 표준어와 규범화에만 치우쳐 언어생태계에 부정적 영향을 미쳤던 언어정책들과는 확연한 차이를 보이는 유의미한 시도로 평가를 받는다.

2001년 Lo Bianco는 호주국립대에 '미국 공식언어 정책'에 관한 박사학위 논문을 제출한다. 대부분 사람들은 미국의 공식언어가 당연히 영어일거라고 생각하지만 멕시코와 남미지역 이민들이 이주해 오면서 스페인어 사용인구가 늘어나게 되었고 유일 공식언어인 영어의 위상이 흔들리게 되었는데 이에 따라 법적 차원에서 영어의 공식적 위상 확립 여부가 당시 이슈로 떠오르게 되었다. Lo Bianco는 학위논문에서 언어정책을 '언어를 공공정책 중 하나로 설정할 수 있는 가장 직접적인 학문'이라고 지적했다.

Phillipson(2003)은 '영어만 하는 유럽?'이라는 저서에서 언어정책은 사회정책의 일부이지만 사회정책 제정자들이 언어를 정책에 포함시키기는 쉬운 일이 아니라고 지적한다. Phillipson은 언어제국주의 연구학자로 영어의 글로벌화는 제국주의 일환이라고 신랄하게 비판하기도 했다. EU는 설립초기에 언어평등 정책을 시행하면서 모든 회원국 언어를 업무언어로 설정했다. 그러다보니 회원국들이 각자 모국어를 사용하고 그것을 다시 타 언어로 바꾸는 작업을 해야만 했다. 시간과 비용 차원에서 모두 효율이 저감되는 정책이었던 것이다. 최종적으로 EU의 사실상 공식언어는 영어로 자리잡게 되었다.

21세기에 들어서면서 언어정책에는 새로운 정의들이 추가되게 된다. Mccarty(2016)은 언어정책을 '복잡한 사회문화적 프로세스로 인간이 권력의 영향을 받아 상호 작용, 협상과 생산을 진행하는 모델'이라 정의한다. Stemper & King(2002)는 언어정책과 계획(LPP)을 '명시적인 또는 은닉적인 정책으로 언제, 어떤 방식으로, 누가 어떤 언어를 사용하는지에 영향을 미치고 언어의 가치와 권리에 영향을 미친'다고 정의한다.

언어정책의 정의를 정리해보면 1990년대 전후로 그 특징이 구분됨을 발견하게 된다. 1990년대 전의 언어정책 공통점은 첫째, 언어정책은 인간의 의도적 개입을 통해 타인의 언어행위에 영향을 미치는 것. 둘째, 언어문제 해결을 취지로 하는 언어이슈는 언어의 다양성으로 말미암아 생겨난 의사소통의 문제. 셋째, 언어정책은 국가가 권한을 부여한 기관에서 진행하는 조직적 행동으로 언어 자체에 대한 계획도 포함되지만 언어사용에 대한 계획, 언어와 인간, 사회 관계에 대한 계획이 포함됨. 넷째, 언어정책은 현재에 입각하여 미래를 지향하는 행위로 국가 또는 지역사회 정책의 구성부분임. 다섯째, 언어정책과 언어학 타 영역 간 차이는 조직적이고 의도적으로 자연언어에 대한 개입을 진행하는 것임을 알 수 있다.

1990년대 이후 언어의 다양성이 주목을 받으면서 언어정책 역시 언어의 다양성 무시에서 보호로 전향하게 된다. 언어정책의 목적 역시 의소소통 문제해결을 넘어 비의사소통 관련 문제들에 더 주목하게 된다. 언어정책은 정책시행 대상자의 생각과 언어생태계에 미치는 영향을 고려하기 시작했고 사회정책의 일부임을 인정하면서 사회학, 정치학 등 타 학제간 교류를 시작하게 되었다.

Ⅲ.

학문으로서의 언어정책

언어정책이 학문으로 자리잡은것은 1945년 2차대전 종식 이후부터였다. 많은 나라들이 식민통치에서 벗어나 독립을 선언하면서 국가차원에서 해결해야 할 언어문제들이 생겨나게 되었고 언어정책이라는 학문이 형성되게 되었다.

Ricento(2000)은 2차대전 이후의 언어정책 연구를 세 단계로 나누었다. 1950년대에서 1960년대 말까지는 식민통치에서 벗어나 독립국가로 나아가는 단계, 1970년대에서 1980년대 말까지는 근대화 실패를 겪었던 단계, 1980년대 중반에서 현재까지는 새로운 국제질서가 형성되는 단계인데, 방법론적 차원에서 보면 구조주의, 비판이론과 포스트 모더니즘에 대응될 수 있다. 첫 단계의 언어문제는 계획을 통해 해결 가능했고 두번째 단계는 현실주의, 세번째 단계는 인간의 언어권에 초점을 맞추었다.

첫 단계 언어정책의 취지는 독립을 선언한 신규 국가들의 '통일과 근대화'라는 목표와 일치했다. 이들은 전통 유럽국가 등 선진국 언어정책을 모방했는데 표준어 제정이 선진국 상징이라고 여겼다. 결과,

언어의 다양성은 무참히 짓밟혔고 언어는 국가통치의 도구로 전락되었다.

　세계 언어지도를 보면 적도 이북은 북쪽으로 갈수록 언어가 점점 더 적어지고 선진국 역시 도시화와 산업화가 발전할 수록 언어종류가 적어짐을 알 수 있다. 한마디로 도시화 과정에서 인구 유동성이 늘어나면서 소수언어가 빠르게 소멸되었던 것이다. 인터넷이 생기면서 소수언어 소멸의 속도는 더 가속화되었는데 표준어 제정여부에 관계없이 국가 발전과 낙후함이 구분되면서 학계의 반성이 시작되었다. 왜 빠르게 바뀌어야만 하는가? 조금 더 천천히, 피곤한 영혼에게도 기다림의 시간을 줄 수 있지 않은가? 이런 성찰들이 계속되면서 세계는 포스트 모더니즘으로 진입하게 된다.

　언어학의 포스트 모더니즘은 언어 다양성에 대한 존중으로 구현되었다. 보편성을 반대하고 다양성을 주장하며, 전체주의를 반대하고 상호작용을 주장하며, 확장성을 반대하고 불확장성을 주장하며, 패권을 반대하고 조화로운 공존을 주장하며, 통일성을 반대하고 다양성의 혼재를 주장하면서 생태관을 내세우는 것이 포스트 모더니즘의 특징이라 할 수 있다. 한마디로 포스트 모더니즘은 인간과 세계의 문제를 이해하는데 새로운 사고방식과 방법론이 필요하다고 주장한다. 이런 포스트 모더니즘은 언어학에도 영향을 미치게 되는데 Ricento(2000)에서 언급한 '인간의 언어권'이 바로 그것이다.

　1950년대부터 학문으로 자리잡은 언어정책은 그동안 여러번의 전환점을 맞게 되는데 첫째는 언어적 가치관이 도구관에서 자원관으로 전환, 둘째는 구조주의에서 포스트 모더니즘으로의 전환, 셋째는 단일변수에서 다양한 변수시스템 구축, 넷째는 실용주의에서 인간 언어권으로의 고민, 다섯째는 언어문제에서 언어생태계로의 인지변화 등이다.

1. 도구관에서 자원관으로의 전환

인간이 언어를 변화시키고 언어에 영향을 미치려는 기저에는 언어를 도구로 인식하는 생각이 깔려있다. 오래 되어서 잘 들지 않는 칼을 다시 갈아 쓰는 것과 마찬가지로 도구가 아니었다면 변화를 시도하지도 못했을 것이다.

언어의 도구관에서 가장 대표적인 학자는 Tauli이다. 그는 언어정책을 '기존 언어를 조정 또는 개선하거나 새로운 지역적, 전국적, 국제적 언어를 창제하는 행위'로 정의했다. 언어를 도구로 인지했기 때문에 언어에 대한 평가도 가능하다고 주장했다. 낫과 칼을 비교하듯이 말이다. 하지만 언어는 칼과 달리 아주 특별한 도구이기 때문에 잘 갈아서 쓰든가 아니면 아예 새로운 언어로 대체할 수도 있다고 주장했다.

언어의 자원관은 Rubin & Jernudd(1971)에서 처음 언급되었는데, 언어정책 창시자 중 한명으로 불리는 Jernudd는 언어를 일종의 사회자원이라고 하면서 의사소통 기능 및 정체성 등에서 자원의 가치가 구현된다고 주장한다. Ruiz(1984)는 한층 나아가 문제로서의 언어, 권리로서의 언어, 자원으로서의 언어관을 제시한다. 언어가 일종의 자원이어야만 언어정책을 기타 정책과 연동할 수 있을 것이다.

하지만 왜 대부분 언어학자들은 언어를 자원이 아닌 추상적인 기호시스템으로 이해할까? 그렇게 해야만 예측불가능한, 제어불가능한 변수의 영향을 최대한 줄일 수 있기 때문이다. 역설적으로 추상적인 언어시스템이 언어사용의 진실한 상황을 반영할 수 있는지는 고민해 볼 필요가 있다는 것이다. 인간과 사회의 상호작용 속에서, 구체적인 시나리오에서 얻은 법칙만이 유의미한, 진실된 언어법칙이라 할 수 있지 않은가.

Cooper(1989)는 언어를 계획하는 건 사회를 계획하는 것과 마찬가지라고 하면서 성공적인 언어정책을 위해서는 훌륭한 사회개혁이론이 밑받침되어야 한다고 주장한다.

2. 구조주의에서 포스트 모더니즘으로의 전환

초기의 언어정책 연구는 구조주의에 기반을 두었는데, 구조주의의 문제점은 모든 것을 정적인 것으로 보고 그 중에서 법칙을 찾아내려 했다는것이다. 따라서 동적인 언어에 대한 구조주의 연구는 명확한 한계를 드러냈고 소위 규칙도 현실에서는 도전에 직면할 수 밖에 없었다.

구조주의 연구 패러다임이 포스트 모더니즘으로 전환되면서 학문 전반에 걸친 성찰과 회의가 시작되었다. 이 또한 포스트 모더니즘의 특징이라 할 수 있다. 예를 들어 현재도 미완에 있는 언어 거버넌스 같은 경우 포스트 모더니즘은 언어 외적인 다양한 요소를 고려하지 못했기 때문에 해결되지 못했다고 주장한다. 한마디로 언어, 사회와 인간이라는 3자 관계에 대해 시간적 검증이 가능한 성과를 이루지 못했다는 것이다.

3. 단일변수에서 다양한 변수시스템 구축

시스템 과학에서 얘기하는 변수는 고려해야 할 요소 또는 다양한 목표라고 이해할 수 있다. 언어정책에서 단일변수는 언어의 선택과 표준화를 뜻한다. 앞서 언급했듯이 언어정책의 의미와 가치는 2차대전 종식 이후 더 두드러지게 되었는데 당시 우후죽순처럼 생겨난 독립국가들이 공식언어를 필요로 했고 학교 등 교육기관에서 공식언어로 교육을 해야 했기 때문이다. 하지만 Zamenhof가 '첫 에스페란토'라는 저서 커버에서 언급했듯이 에스페란토라 부르는 언어 창제만으로는 부족하고 언어선택 이후 표준화, 규범화와 보급화의 과정이 따라야 한다. 언어정책이 곧 언어규범화 또는 언어표준화라는 인식이 장시간 팽배해 있었지만 사실 규범화나 표준화보다 더 어려운 것은 언어사용자들이 그것을 사용하도록 하는 것이었다. 거시적으로 제정된 언어정책도 권력기관 또는 권력기관이 권한을 부여한 기관을 통해 추진되어야 힘이 실리는 것 역시 이 때문이다.

다양한 변수는 권리, 정체성, 인권, 자본, 경제불평등, 경제위기, 노동력의 이동 등 다양한 요소를 고려해야 한다. 도시화 과정에 많은 농촌인구가 도시로 이동하거나 저개발국 노동력이 선진국으로 이동하는 것 등은 모두 노동력의 이동에 속한다. 이러한 요소들은 과

거와는 다른 슈퍼다양성을 형성하게 되는데 언어정책은 이미 이러한 요소들을 피해갈 수 없게 되었다. 왜냐하면 이들은 학교 언어교육 정책 뿐 아니라 인권, 정체성 등 이슈에도 관련이 되기 때문이다. 언어표준화의 산물이 '국어대사전'과 같은 사전 또는 표준문법이라면 현재의 언어정책은 글로벌화, 경제불평등, 위기, 글로벌 공급망 등 다양한 요소를 고려하여 촘촘히 제정되어야 하는 더 어려운 영역이 되었다.

4. 실용주의에서 인간 언어권으로의 고민

문제가 발생했고 해결이 필요하다는 것이 실용주의이다. 1949년 중국 건국 당시 문맹률은 80%에 달했는데 노동력 개발과 사회발전을 위해서는 문맹인구에 대한 언어문제 해결이 시급했다. 당시 중국 권위 관영매체인 '인민일보'에 '문법수사강화(语法修辞讲话)' 칼럼이 연재된 사실은 언어교육의 필요성을 보여주는 일례라 할 수 있다. 실용주의에서는 기술이 필요했고, 언어학의 기술은 사전편찬과 표준문법 제정으로 대두되었다.

사전편찬 대비, 표준문법 제정은 더 어려웠다. 언어는 복잡한 동적시스템이고 끊임없이 변화되는 것이다. 언어의 동적인 변화는 탈태환골형이라기보다는 소량의, 극소량의 변화로 나타난다. 매일 엄청난 변화가 발생했다면 언어가 의사소통의 도구로 사용되지도 못했을 것이다. 하지만 표준 문법규칙에서 근간은 변화되지 않았더라도 변두리에서부터 일부 작은 변화가 발생하는 등 동적흐름이 항상 진행되어 일부는 시간이 흐르면서 도태되기도 하고 일부는 고착화되기도 한다. 언어의 이러한 복잡성과 체계성 특징으로 실용주의 차원에서 표준문법을 제정하는 것은 그리 쉬운 일이 아니었다.

포스트 모더니즘이 흥행하면서 인간 언어권에 대한 고민이 생겨나기 시작한다. 글로벌 거버넌스 프레임 속에서 국제조직의 언어평등 문제를 논의하는 것 역시 언어권과 관련이 있다. 국제조직 또는 다국적 기관에서는 모두 공식언어를 지정하는데 EU 같은 경우, 언어권 보장을 위해 모든 회원국의 언어를 공식언어로 지정했다. 하지만 공정과 효율은 항상 대립각에 있는 컨셉으로, 업무효율 차원에서 영어를 공식언어로 지정한 것과 공정 차원에서 회원국 언어를 모두 공식언어로 채택한 것은 과정과 결과 차원에서 큰 상이함을 보일 수 밖에 없었다.

언어다양성은 확보되어야 하고 인간의 언어권 역시 보장되어야 한다. 하지만 의사소통 이슈에 부딪히게 되면 얘기가 달라지는데 이런 갈등을 '언어다양성과 공동언어의 패러독스'라 한다. 언어권의 대표 학자인 Skutnabb-Kangas는 의사소통과 평등, 다언어 유지와 차별방지, 민주, 효율 등 다양한 요소를 고려하면 최종적으로 에스페란토를 선택해야 한다고 주장한다. Phillipson 역시 에스페란토대회에 참가한 뒤 에스페란토 사용은 이성적 선택이라고 주장했다. 하지만 이성에도 현실적 기반이 필요했다. 영어 글로벌화, 약소언어의 위기, 인터넷 등이 언어정책 연구의 3대 이슈임은 잘 알려진 사실이지만 에스페란토 등 중립언어 선택도 다양한 이유로 여태 시행되지 못하고 있다.

1913년 Zamenhof는 '인류주의 선언'에서 인간은 자신이 선호하는 언어와 신앙하는 종교를 선택할 수 있지만 타 언어와 종교신앙을 가진 사람과 교류 시에는 평등을 위해 중립적 언어를 사용해야 한다고 주장했다. 언어의 중립문제를 해결하지 않으면 국제협력에 여러가지 장애가 발생할 것임을 1913년에 이미 예견했던 셈이다. 하지만 1948년에 발표된 '세계인권선언'에는 언어권이 포함되지 못했다. Zamenhof는 중립적인 언어는 민족어의 대체품이 아닌 국제협력을 위한 중립적인 보조언어임을 분명히 했다. 하지만 현실 앞에서 그러한 이상은 더 멀리 가지 못했다.

현재 언어정책의 3대 이슈는 언어다양성, 인간의 언어권과 언어생태계이다. 그중 핵심은 인간의 언어권인데 이 역시 다언어 의사소통의 문턱을 넘지 못하고 있다. 위의 3가지 이슈를 모두 감안한 언어정책을 펼치기는 쉽지 않거나 거의 불가능하다고 할 수 있다.

1920년대 유엔 전신인 국제연맹에서 에스페란토의 공식언어 채택을 논의했지만 프랑스의 반대로 무산되었다. 당시 국제사회의 공식언어가 프랑스어였음을 감안하면 프랑스의 반대가 당연해 보이기도 하지만 프랑스어의 국제적 위상이 많이 떨어진 현재에도 만국우편연합(UPU)이나 올림픽 등 국제행사에서는 영어와 프랑스어를 병행하는 관례가 유지되고 있다.

에스페란토는 이를 모국어로 하는 나라와 사용자가 없기 때문에 중립적인 언어로 사용가능 하지만 동일한 이유로 보급에 추진력이

붙지 못하게 된다. 이를 '공동언어의 패러독스'라 부르기도 한다.

5. 언어적 문제에서 언어생태계로의 인지변화

'언어문제'라는 용어는 1960년대 말 노르웨이의 문어체 정책을 다룬 Haugen의 글에서 처음 사용되었다. 당시 노르웨이는 문어체 선택에 있어 두가지 방안을 내놓았는데 현재까지도 명확한 결론을 얻지 못하고 있다.

언어는 하나의 생태계로 주변 요소들, 특히 기타 언어와 밀접히 연관되어 있다. 언어는 의사소통의 도구일 뿐 아니라 문화의 용기이며 정체성의 상징이고 지식의 매개체이고 국가의 자원이기 때문에 한 언어의 변화나 소실은 기타 언어에도 영향을 미치게 된다.

오스트리아 학자 Fill(1993)의 저서는 생태언어학 관련 첫번째 저서로 알려지지만 독일어로 출판된 관계로 많은 주목을 받지는 못했다. 그는 약소언어 또는 멸종위기 언어를 연구하는 언어학자는 아니었고 담론 및 관련 영역에서 생태언어학을 언급하였다. 생태학적 차원에서 언어생태에 접근한 학자는 호주 애들레이드대에서 원주민 언어를 연구하는 Mühlh usler과 시카고대 Mufwene교수인데 이들은 약소언어, 멸종위기의 언어를 연구하면서 언어생태계를 고민하게 되었다.

재미있는 사실은 적도에서 북쪽으로 갈수록 소득은 더 높아지고 인구는 더 밀집되어 있으며 언어는 점점 더 적어지지만, 적도 남쪽은 인구가 적고 날씨가 무더우며 열대우림으로 뒤덮여 있는데 반해 언어는 엄청나게 많다는 것이다. 언어밀도가 가장 높은 파푸아뉴기니

아의 경우 800여개의 언어가 있다고 한다. 이를 기반으로 생물다양성과 언어다양성은 정비례한다는 연구결과도 있다.

학문으로서의 언어정책 발전과정을 살펴보면 초창기 언어정책은 언어의 도구성을 강조했다. 도구이기 때문에 변화가 가능하다고 여겼던 것이다. 하지만 언어는 도구일 뿐 아니라 다양한 문화와 그 부속물을 담고 있는 용기이고 정체성의 상징이라는 것을 점차 깨닫게 되었고 언어정책 결정자들 역시 이 부분을 감안하여 정책을 제정하게 되었다.

다양한 시기별로 언어정책의 핵심 역시 달라졌는데 갓 설립된 국가에서 의사소통과 정체성 기능이 문화적 기능보다 중요시되다가 시간이 흘러 종족다양성이 주목을 받으면서 언어다양성이 수면 위로 떠오르게 되었다. 언어정책의 이런 변화는 사회변화의 단면으로 이해할 수 있는데 언어정책은 사회정책의 일부이고 사회발전 시기별로 서로 다른 언어정책을 필요로 하게 된다.

언어는 도구가치뿐 아니라 내적가치도 갖고 있다. 언어는 인간지식의 매개체이기 때문에 언어의 소실은 그 언어가 담고 있는 지식의 상실을 의미한다. 하지만 언어의 본질은 의사소통을 위한 도구이기 때문에 의사소통이 진행되지 않으면 해당 언어는 유지되기 어렵게 된다. 약소언어의 내적가치만 주장하고 의사소통의 가치를 무시하는 언어정책들이 실패할 수 밖에 없는 이유가 여기에 있다. 의사소통이 불가능한 언어는 사실 언어로서의 가장 근본적인 가치를 이미 잃었기 때문에 사용자가 없어지면 해당 시스템은 유지와 운행을 위한 원동력도 상실하게 된다.

반대로 영어와 같은 강세언어의 경우, 강력한 외국어교육 정책으로 국민 영어수준 향상을 꾀할 때 영어 배후에 있는 문화와 가치도 사용자들에게 자연스레 이전되게 된다. 심지어 현지 문화를 침식하고 국가안보에 영향을 미치는 상황까지 발생할 수 있다. 언어안보가 최근 학계의 핫이슈로 떠오르는 이유도 여기서 비롯된다.

보다시피 언어정책은 더이상 단일변수가 아닌 사회환경의 다양한 변수를 감안해야 하는 학문이 되었다. 도구적 가치관으로 언어를 바라보면 언어의 실용성, 효율성 등이 두드러져 언제든 변화를 줄 수 있지만 자원적 가치관으로 언어를 바라보면 지속가능한 성장, 자원의 재생과 보호 등이 부각되어 언어와 생태계 관계에 대한 더 깊이 있는 고민을 하게 된다. 비언어적 변수가 언어변화에 미치는 영향이 선행연구에서 이미 입증되었기 때문에 언어정책 연구자와 제정자들은 비언어적 변수와 언어적 변수 간 관계를 고려하여 현실에 입각한 언어시스템의 안정적 발전을 추진해야 한다.

IV.

언어정책 연구의 이론적 틀

1. Tauli의 언어정책과 평가이론

Cooper(1989)는 훌륭한 사회정책 또는 사회변혁론이 부재한 상황에서 언어정책을 시행하는건 매우 어려운 일이라 했다. 언어정책은 문자 그대로 언어와 관련이 있는 정책이지만 그 정책적 전제를 사회에 전가하는 것 역시 애매한 일이기는 하다. 언어정책의 사회학적 경도성에 대해 Tauli(1968)는 언어정책의 목적은 언어를 더 효율적인 도구로 만들고 현대문화와 사회에 잘 적응토록 하는 것이라 했다. 한마디로 언어정책 연구자는 언어 자체에 연구의 초점을 맞춰야 한다는 것이다.

언어기능의 설정 또는 보급문제, 예를 들어 어떤 언어를 국가 공식언어로 지정할 것인지는 정치인의 영역이지 언어학자의 영역이 아니다. 국가 공식언어로 채택된 언어로 학교에서 어떻게 교육하고 어떤 교과서를 선택하며 어떤 내용을 가르칠 것인지도 언어학자의 영역은 아니다. 언어정책은 목적성을 갖고 타인이 사용하는 언어를 의도적으로 변화시키는 행위라고 했는데 어떤 기준으로 언어변화의 필요성을 판단할 수 있을까? 이 질문에 대한 답을 제시하기 위해서는 언어 평가문제를 다룰 필요가 있다. 언어의 우열을 가리는건 민감하고 어려운 이슈이기 때문에 언어학자들에게는 건드리지 않는 일종의 '금지구역' 같은 것이 되어버렸지만 Dixon(2016)처럼 최근에 해당 이슈에 접근을 시도하는 학자들도 생겨나고 있다.

1907년 에스토니아 수도 탈린에서 태어난 Tauli는 1931년 타르투대를 졸업하고 1937년 '교정 관례와 언어정책의 원칙 및 방법'으로 석사학위를 받았다. 1944년 스웨덴으로 이주한 그는 1956년 룬드대에서 박사학위를 받았다. 1963년에서 1973년까지 그는 웁살라대에서 핀란드-우랄대학 부교수를 역임하였다. 1960-70년대 그는 '언어정책개론'(1968)이라는 저서를 펴내면서 언어정책 관련 활발한 연구를 진행했다. 해당 저서는 언어평가에 기반한 언어정책론 구축을 목표로 집필된 것으로 당시 언어정책 관련 주요 성과를 집대성한 작품이라 할 수 있다.

Tauli(1968)의 언어정책론을 한마디로 요약하면 언어는 교류를 목적으로 하는 기호시스템이고 도구이며 수단일 뿐 절대 목적이 될 수 없다는 것이다. 도구로서의 언어는 평가, 변화, 교정, 규범과 개선이 가능하며 심지어 새로운 언어도 창제 가능하다. Tauli는 언어정책의 전제는 언어의 어떤 부분이 좋고 나쁜지를 평가하는 언어평가라고 주장한다.

언어정책 연구자가 해야 할 일은 언어에 내포된 의도적 개입의 특성, 개입 이후 언어의 변화규칙과 변화모델을 연구하는 것이다. 이를 위해서는 경제성, 명확성, 융통성 등 차원에서 구체적 언어특징에 대한 평가가 선행되어야 한다. 언어정책의 가장 기본적이지만 어려운 이슈가 바로 명확성과 경제성의 갈등을 어떻게 해결할 것인지, 즉 명확성, 잉여성과 경제성 사이의 관계를 어떻게 정립해야만 가장 효율적인 언어가 될 수 있는지를 연구하는 것이다.

Tauli(1968)는 지금까지 출판된 언어정책론 관련 저서 중 가장 구체적이고 시행가능한 이론이라 평가받는다. 하지만 최근의 언어정책 연구물에서 그의 성과를 거의 인용하지 않는 이유는 언어정책 연구의 패러다임이 포스트 모더니즘으로 전이된데 반해 Tauli(1968)는 이론구축, 개혁 및 발전에 무게를 두고 있기 때문이다.

Tauli(1968:30)는 다음과 같은 언어를 이상적 언어라 한다. 첫째, 의사소통 도구로서의 모든 일을 수행 가능해야 하고 모든 정보와 의미가 전달가능해야 한다. 둘째, 최대한 경제적이고 화자와 청자에 있어 최대한 용이해야 한다. 셋째, 미적 형식을 갖추어야 한다. 넷째, 새로운 표달법에 적응하고 새로운 의미를 나타낼 수 있는 융통성을 갖추어야 한다. 이 기준을 충족하면 이상적 언어라 할 수 있다는 것이다.

이상적 언어에 대한 정의를 기반으로 Tauli(1968)는 언어정책에서 가장 어려운 세가지 이슈를 제시했는데, 첫째, 명확성과 경제성 간 갈등에서 균형을 잡는 것, 둘째, 가장 효율적이고 경제적인 언어구조를 밝혀내는 것, 셋째, 전략차원에서 보면 특정 기간 내에 언어에 대한 의도적 변화는 어디까지 허용되어야 하는가이다. 이러한 질문에 대한 답을 찾기 위해 그는 일련의 평가시스템을 만들어 명확성, 경제성, 미학 등 원칙이 적용되는 과학적인 언어정책 이론을 제시하려 했다.

Tauli는 언어정책이 과학연구의 범위에 포함되어야 하고 과학적 방법으로 연구가 가능하다고 주장하면서 '언어정책론(theory of language planning)'이라는 용어를 사용했다. 그는 언어정책론을 '언어정책의 목적, 원칙, 방법과 전략을 체계적으로 연구하는 과학'이라 정의했다. 1980-90년대 언어정책의 사회화와 포스트 모더니즘 사조의 영향으로 대부분 언어정책 학자들은 더이상 언어자체에 대한 연구를 하지 않게 되었다. 즉 언어정책이 언어학의 영역임을 무시한 채, 언어적 차원의 언어정책을 연구를 하지 않게 되었던 것이다.

정리해 보면 Tauli는 도구적 언어관을 갖고 언어는 개선 및 변화가 가능하지만 개선 전에 반드시 현재 문제점이 무엇인지 파악해야 한다고 지적했다. 이상적인 의사소통 도구가 되기 위해서는 어떤 여건을 충족해야 하는지, 어떤 언어를 이상적 언어라 할 수 있는지 등에 대한 답을 얻기 위해 구체적이고 시행가능한 평가지표들을 만들기도 했다. 그는 언어정책을 독립된 학과라 주장하면서 과학적 목표와 방법을 통해 의도적으로 언어의 발전을 추진할 수 있으며 가장 이상적인, 또는 최적화된 상태에 이르게 할 수 있다고 믿었다.

2. Haugen의 '2x2 모델'

Haugen은 1960년대에 활동했던 또다른 언어정책 학자이다. 노르웨이계 미국인이었던 그는 미국 언어학회 회장을 역임하기도 했는데 대표적 연구물은 노르웨이 공동 문어체에 관한 것이었다. 노르웨이에는 2개의 문어체가 있는데 하나는 덴마크어와 노르웨이어가 섞인 것이고 다른 하나는 기존 노르웨이 방언을 개선하여 만든 것이었다. 노르웨이의 언어정책은 사실 둘 중 하나를 선택하는데서부터 시작되었는데 상당히 오랫동안 많은 연구들이 진행되었음에도 불구하고 현재까지 노르웨이는 공식 문어체를 정하지 못하고 있다.

Haugen(1966)이 제시한 언어정책의 2x2모델은 언어정책에 대한 분류기준이라 이해할 수 있다. 그는 어떤 언어정책이든 이 모델 안에서 위치를 찾을 수 있다고 했다.

<표1> Haugen(1966)의 2x2모델

	형태(정책계획)	기능(언어교육)
사회 (언어의 위상계획)	1. 선택(정책결정 과정) 　a. 문제확인 　b. 규범화	3. 시행(교육 및 보급) 　a. 개선 　b. 평가
언어 (언어 자체 계획)	2. 기호화(표준화 과정) 　a. 문자시스템 　b. 문법시스템 　c. 어휘시스템	4. 세분화(기능별) 　a. 용어 근대화 　b. 문체

언어의 위상계획은 언어의 사회적 위상 또는 기능을 계획하는 것인데 Haugen은 선택과 시행 두가지로 나누어 분류했다. 언어선택은

사실 2차 대전 이후 많은 나라들이 직면한 공동 관심사였다. 대부분 나라들이 수도 근처의 언어 또는 이를 기반으로 가공된 언어를 공식 언어로 지정했다는 재미있는 연구결과가 있기도 하다.

만약 언어가 의사소통의 기능만 갖고 있다면 언어선택은 상대적으로 용이해 질 것이다. 하지만 언어는 문화의 용기이고 정체성의 상징이기 때문에 특정 언어의 선택은 그 선택에서 배제된 타 집단의 불만을 야기할 수 밖에 없다. 식민지 지배를 받아온 독립국의 경우 의사소통 차원에서만 보면 독립 이후에도 지배국 언어를 계속 사용하는게 훨씬 더 효과적일 수 있다. 하지만 언어의 기타 가치를 고려하면서 선택을 해야 했기 때문에 아프리카 지역에서처럼 극단적 선택을 포함한 다양한 결과가 나오게 되었다.

예를 들어 아프리카 알제리는 장기간 프랑스 식민통치 영향으로 프랑스 다음으로 프랑스어 사용인구가 많은 나라였지만 종교적으로는 이슬람국가이기도 했다. 독립 다음 해인 1962년에 알제리 정부는 헌법을 통해 표준아랍어를 유일 공식언어로 채택하게 된다. 하지만 장기간 아랍어를 사용하지 않은 관계로 아랍어 사용자가 거의 없다시피 했고 알제리정부는 이집트에서 대량의 아랍어 교사를 유치하게 되었다. '하나의 언어, 하나의 국가'라는 언어적 이데올로기 영향으로 알제리는 프랑스어를 포기하고 자국이 사용하던 아랍어 방언도 부결하고 상징성을 갖춘 표준 아랍어를 선택하게 된 것이다. 언어 정체성을 극대화했던 해당 정책으로 정부기관의 운행을 표준 아랍어를 사용하는 외국인에게 맡기는 기현상이 발생하기도 했다.

언어선택 다음에는 표준화와 규범화 작업이 뒤따르게 된다. 그 다음은 마지막 단계인 시행단계에 들어서게 되는데 언어정책에서 가장 좋은 방법은 교육시스템을 이용한 시행이다. Haugen은 이를 '교육 및 보급'이라고 한다. 언어선택, 언어 표준화 다음에는 교육을 통해 사용자들이 표준트랙에 진입할 수 있도록 안내해야 한다.

언어의 표준과 규범을 정하고 교육을 하려면 언어 자체에 대한 계획도 필요하다. 언어의 표준화는 사실 문법, 어휘, 철자법 등 형태의 표준화인데 사전편찬도 이에 큰 영향을 미친다. 사전과 문법 등이 규범화 되기 전에 서양에서는 클래식 텍스트인 성경이 언어표준화 역할을 하기도 했다. 여러가지 버전의 성경 중에서 왕실이 정한 특정 버전이 언어의 표준이 되었던 것이다.

언어 자체의 계획과 언어위상 계획 간 관계를 규명하고 언어 자체 계획 속에 숨겨진 사회요소를 분석한 Fishman의 연구를 짚고 넘어갈 필요가 있다. Fishman은 'Do not Leave Your Language Alone'이라는 저서를 통해 언어개입의 중요성을 피력하면서 Hall(1950)의 'Leave Your Language Alone'을 정면으로 반박했다. Hall은 언어에 대한 인간의 개입과 개선작업을 반대하면서 언어는 계획될 수 없으며 언어학자들은 언어의 자연스러운 변화를 수용해야 한다고 하지만 Fishman(2006)은 언어 자체의 계획에는 언어위상 계획도 포함되어 있다고 주장한다. Haugen의 2x2 모델에서는 언어 자체의 계획과 위상계획에 대해 시행주체가 다르기 때문에 구분할 필요가 있다고 한다. 언어자체의 계획은 언어학자들이 추진하는 것으로 언어의 규범화와 근대화 문제를 해결하는 것이고 위상계획은 정책제정자들의 몫이라는 것이다. 세계 각국의 언어정책 사례를 분석한 결과, Fishman은 언어 자체에 대한 계획과 위상계획은 순차적으로 진행되는 것으로 분리가 어렵다는 결론을 얻게 되고 최종적으로 언어계획과 위상계획은 불균형적이고 불규칙적인 방식으로 결합되는 과정임을 밝힌다.

다시 Haugen의 2x2 모델로 돌아오면 언어표준화 이후에는 세분화 작업이 따른다. 세분화는 전문성을 갖춘 기능계획을 의미하는데 예를 들면 과학기술 용어 문제, 문학작품 문체 등이 포함된다. 용어의 근대화 및 문체의 다양화로 해석되기도 한다.

언어의 세분화는 어휘의 국제화에도 관련이 있다. 알파벳을 사용하는 언어는 외래어 표기가 상대적으로 쉬운데 비해 중국어와 같이 문자를 사용하는 언어는 '국제화'와 '즉각적 이해가능성' 사이의 갈등 속에서 계속 고민을 해야 한다.

3. Hartmann의 언어 프레스티지 정책

언어위상 계획과 언어자체의 계획을 연구대상으로 한 Haugen의 2x2 모델도 모든 이슈를 적절히 해석할 수는 없었다. 독일 언어학자 Hartmann(1984)는 언어정책 2분법 기반에서 '프레스티지 계획'이라는 새 영역을 더하게 된다. 대부분 학자들이 Cooper(1989)의 '습득계획'이 Haugen을 잇는 세번째 영역이라 생각하지만 사실은 그보다 이른 1984년에 Hartmann이 '프레스티지 계획'이라는 정의를 제시했고 '언어정책 평가에 영향을 미치는 모든 변수의 총칭'이라고 해석했다. 해당 논문은 독일어로 발표된 관계로 장시간 학계의 주목을 충분히 받지 못하다가 1990년 Hartmann의 논문이 영어로 발표되면서 프레스티지 계획은 점차 주목을 받게 되었다.

Hartmann은 언어정책을 상품에 비교하면서 상품과 시장 내 상품의 위상은 시간의 검증을 받을 수 있어야 한다고 했다. 언어는 공기와 같아서 생활필수품이긴 하지만 계획된 언어를 꼭 사용해야 하는 건 아니고 언어사용자 역시 선택의 자유를 갖고 있다. 언어정책 제정자의 역할은 이러한 '선택과정'에 '의도적인' 개입을 하는 것이다. 문제는 언어정책 제정자들 대부분은 언어정책을 탑다운 방식의 정부행위로 이해하면서 사용자들이 당연히 수용할거라 생각했고 계획된 언어의 수용가능성에 대해서는 많은 고민을 하지 못했다.

Hartmann의 주장은 두 가지로 요약할 수 있다. 첫째는 언어정책의 일방적 문제점을 지적하면서 정책의 양방향 시행을 주장했다. 한마디로 정책제정자와 언어사용자 모두 중요한 주체라는 것이다. 언어 자체에 대한 계획과 언어위상 계획은 정책 제정자들이 진행하는 것이지만 언어정책 시행의 심리적 차원, 즉 언어사용자들이 어떻게 수용하는지가 언어정책 성공을 결정하는 관건요소라는 것이다. 둘째는 언어정책의 다양성과 보급능력, 그리고 보급 과정의 프레스티지 관리가 중요하다는 것이다. 프레스티지는 언어정책에 심리적 요소를 추가한 것으로 이해할 수 있다.

Hartmann의 학문적 기여도는 프레스티지 계획보다는 다양한 요소가 공존하는 생태적 언어관 제시라 할 수 있다. 언어정책을 다양한 차원에서 바라보아야 한다고 주장한 것은 Hartmann이 단일 변수에서 다양한 변수로의 언어정책 패러다임 전환을 이끈 대표학자임을 보여주는 부분이기도 하다. Hartmann(1986)은 언어정책 관련 12가지 생태적 관계를 다음과 같이 정리했다. (1) 언어간 거리. (2) 언어접촉의 구체적 특징. (3) 언어의 확장상태. (4) 확장된 언어의 사회문화적 잠재력. (5) 민족 정치단체. (6) 언어의 상호작용 분포. (7) 화자의 언어상태 관계. (8) 언어의 제도적 위상. (9) 언어의 재생산 잠재력. (10) 민족 정체성. (11) 해외 단체 분류. (12) 언어유지와 지역사회 문화보호 등이다. (1)에서 (5)까지는 언어 자체에 대한 계획이고 (4)에서 (9)는 언어위상 계획이며 (6)에서 (12)는 프레스티지 계획이라 할 수 있다. 보다시피 언어정책은 상호 연관된 다양한 요소를 고려해야 하는데 정책수용자의 심리적 요소가 중요함을 알 수 있다.

Hartmann은 언어정책 제정주체를 정부, 기관, 단체와 개인 등 4개로 나누었다. 4개 주체들의 정책적 효과는 다를 수 있지만 수용자에 대한 영향 차원에서는 장단점을 갖고 있다. 사실 프레스티지를 구성하는 요소 역시 단일변수가 아니고 시대별 지역별로 변수가 다양하기 때문에 평가가 어렵다고 할 수 있다. 자멘호프는 언어학의 권위인사가 아니였지만 가장 성공적인 인조언어 중 하나인 에스페란토를 만들었고 반대로 노벨 화학상 수상자인 빌헬름 오스트발트는 이도어(Ido, 에스페란토 개선안에서 출발한 언어)를 지지했고 유명 언어학자인 오토 예스페르센은 노비일(Novial)을 개발했으며 밴더빌트 재단과 다수의 언어학자들은 인테르링구아(Interlingua)를 지지했다.

권위인사가 추진하는 언어정책은 프레스티지가 인정되어 정책 성공률이 높아질 수도 있지만 언어사용자의 반항심리가 작동할 수도 있어 정책제정과 시행 과정에 다양한 요소를 고려할 필요가 있다. 에스페란토는 배후에 강력한 정부의 힘이 없어도 현재까지 생존해 왔고, 중국 간체자 개혁은 정부의 강력한 정책이 있음에도 불구하고 일부 지성들은 번체자를 고집하는 경우가 적지 않다.

Hartmann의 '프레스티지'는 사실 다양한 요소에서 출발한 언어정책의 필요성을 주장한 것이라 이해할 수 있다. 중국 간체자 개혁같은 경우는 언어정책의 프레스티지가 아닌 언어사용의 경제적 차원에서 성공요소를 찾는게 더 적절할 것이다. 때문에 일부 지성들의 번체자 사용도 간체자의 보급에 큰 영향을 미치지 못하고 있다.

4. Ager의 7i 모델

Ager(2001)는 언어정책에 영향을 미치는 동기 7개를 제시했는데, 모두 알파벳 i로 시작하기 때문에 '7i 모델'(정체성identity, 불안insecurity, 이데올로기ideology, 이미지image, 불평등inequality, 통합integration, 수단instrumentality)이라 부르기도 한다.

Ager는 대부분 언어정책이 이 중 일부를 포함하고 있다고 주장하면서 모델의 효용성을 검증하기 위해 다양한 언어정책 사례를 해당 모델의 틀에서 검증하였다. 그중 재미있는 사례가 바로 인도이다. 영국 식민통치에서 벗어나 독립을 선언할 때 인도의 33개 언어 사용자

수는 백만이 넘었다. 독립 이후 인도는 공식언어 선정에 직면하게 되었는데 다양한 계층과 지역간 관계조정을 위해 공식언어를 여럿 선정하였다. 힌디어를 공식언어로, 영어를 제2의 추가 공식언어로 선정한 것 외에 21개의 지역별 공식언어를 지정했다. 하지만 다양한 공식언어 지정은 정치적 수요에서 시작한 것이었기 때문에 실생활에서는 추진이 어려웠다. 지금도 대부분 인도인들은 3+1의 언어모델을 수용하고 있는데, 출생지 언어(모국어), 소재 연방주 공식언어, 국가 공식언어 힌디어를 일단 배우게 된다. 물론 인도 국내에서 이동을 하지 않는다면 한가지 언어만으로도 충분하지만 대도시로 이동하거나 의사소통을 위해서는 세가지 언어에 영어를 더해 3+1 모델이 완성되는 것이다. 장기간 식민통치로 영어는 자연스럽게 인도에 자리잡게 되었고 지역언어가 아니었기 때문에 상대적인 중립언어로 사용자들에게 평등한 언어선택으로 인지되게 된 것이다.

Ager(2001)의 7i모델은 21세기 언어정책 영역의 이론적 기반을 닦은 저서 중 하나로 다양한 언어정책을 분석할 수 있을 뿐 아니라 이미지 계획(image planning) 컨셉을 도입하여 프레스티지 연구에도 기여를 하게 된다. 프레스티지와 이미지 등 심리적 요소로 언어정책 제정과 시행의 어려움을 한층 더 입증한 것이다.

5. Kaplan과 Baldauf의 언어정책 목표 프레임

하우젠(1966)의 2x2 모델, 하르트만(1984)의 프레스티지 계획, 에이저(2001)의 7i모델은 모두 언어정책의 명확한 목표를 제시하지 못했다. 언어정책은 거시적으로는 국가정책이고 미시적으로는 가정에까지 영향을 미치는 것으로 명확한 목표설정이 반드시 필요하다. 언어정책에는 하나의 목표 또는 여러개의 목표가 설정 가능한데 특정 목표 사이에는 갈등과 충돌이 발생하기도 한다.

Kaplan과 Baldauf(2003)은 언어정책 목표 중심의 이론적 틀이었다. 언어정책의 목표를 다룬 앞선 연구들도 있었다. Rubin(1971)은 언어정책의 목표는 세가지가 있는데 언어 외적인 목표, 언어와 관련된 목표, 언어학적 목표라고 했다. 언어 외적인 목표는 사회학자와 정치학자의 참여가 필요할 것이고 사전편찬, 규범제정과 같은 언어학적 목표는 언어학자들의 참여가 필요할 것이다.

카플란 & 발다우프는 2003년에 위상계획, 언어자체의 계획, 습득계획, 프레스티지 계획 등이 포함된 복합적이고 완비된 언어정책 목표 프레임을 구축했다. 이는 다양한 언어정책 프레임의 통합모델로 하우젠(1983)의 2x2 모델 기반에서 쿠퍼(1989)의 '습득계획', 하르트만(1990)의 '프레스티지 계획'을 통합한 것이었다. 그들은 해당 프레임으로 태평양 14개 지역의 언어교육 정책을 분석했고 정책목표는 상호 고립된 것이 아니라 서로 연결되어 있으며 특정 목표는 또 다른 목표의 일부일 수도 있다고 주장했다. 예를 들면 문자 간소화 목표는 문자 자체뿐 아니라 문맹퇴치 계획의 일환으로도 볼 수 있다는 것이다.

카플란 & 발다우프(2003)는 언어의 위상계획은 정책적 목표와 육성목표를 포함하고 있다고 주장한다. 정책적 목표는 언어위상의 표준화(공식언어, 국가표준언어, 금지언어)이고 육성목표는 멸종위기 언어

관련 언어생태계(재생과 복구), 언어유지, 언어교류와 언어전파 등이 있다.

기능적 차원에서 보면 위상계획은 특정 기능이 없는 언어에 해당 기능을 입히고 공식화 및 국가표준화를 거쳐 넓은 범위에서 사용가능케 하는 것이다. 인간의 언어권과 언어생태를 감안하면 모든 언어 사용자의 권리를 확보하는 것인데 포스트 모더니즘에서는 이 부분을 특히 강조한다. 카플란 & 발다우프(2003)는 언어생존이 우선이고 기타 목표는 그 다음이라고 주장하는데 이에 대해서는 학계에서 다양한 설전이 오가고 있다.

육성목표 역시 인간의 언어권과 관련된 것인데 멸종위기에 처한 언어를 대상으로 구체적인 재생 및 복구 방안을 제정하는 것이다. 예를 들면 녹음을 통해 기록을 남기는 것 등인데 Mufwene(2004)은 의사소통 기능을 상실한 언어, 언어생태계가 소실된 언어를 재생하고 복구하는 것이 어떤 의미가 있는지는 별개의 이슈라고 언급하기도 했다.

6. Cooper(1989)의 '8가지 질문'

쿠퍼(1989)는 '혁신적 홍보, 마케팅 전략, 정치발전과 정책결정 등 영역의 이론적 틀을 언어정책에 적용할 수 있다'고 했다. 그는 어떤 언어정책이든 '8가지 질문', 즉 정책 시행자, 정책의 타겟행위, 정책의 타겟대상, 목표, 시행어건, 사용수단, 정책결정 과정, 정책의 효과분석 등을 피해갈 수 없다고 했는데 이는 학제간 경험과 지식에서 출발한 것이라 할 수 있다.

'8가지 질문' 중 첫째는 정책 시행자인데, 통상적으로는 담론권을 가진 엘리트들이다. 언어정책 연구는 장시간동안 정책적 행위에만 주목했고 정책시행자에 대해서는 충분한 관심을 갖지 못했다. 최근 언어정책 시행자, 즉 행위주체(Agent)에 대한 연구가 생겨나고 있는데 언어자체에 대한 계획을 연구하는 언어학자, 언어위상을 계획하는 정치인, 언어습득을 연구하는 교육자가 주 연구대상이 되고 있다. 이 밖에 종교서적을 현지어로 번역하는 선교사 역시 언어정책 시행에 중요한 영향을 미치는 주체로 볼 수 있다.

둘째는 언어정책의 타겟행위인데 이는 언어구조와 기능 두가지로 나누어 볼 수 있다. 언어구조를 타겟으로 하는 정책은 사용여부를 규정하는 것이고 언어기능을 타겟으로 하는 정책은 사용가능한 영역과 장소 등을 규정하는 것이다.

셋째는 정책의 타겟대상인데 정책결정권이 없다고 생각되어 간과하기 쉬운 부분이기도 하다. 물론 하르트만의 '프레스티지 계획'에서는 언어정책 시행과정에 타겟대상 요소도 감안해야 한다고 했다. 일제강점기 한국어 말살정책이나 19세기 웨일스어 사용이 법으로 금지되어 사용자의 강렬한 반항에 부딪힌 부분도 언어정책의 타겟대상을 간과해서 발생한 결과이기도 한다. 타겟대상의 가치관 및 신념과 일치된 언어정책은 그렇지 않은 정책 대비 성공확율이 훨씬 높아진다.

넷째는 언어정책의 목표이다. 언어는 사회와 밀접히 연관되어 있기 때문에 사회변화는 언어변화를 유발하게 되고 반대로 의도적인 언어정책 행위 역시 사회의 변화를 가져오게 된다. 때문에 쿠퍼는 언어정책의 목표는 언어와 직결된 명확한 목표와 비언어적 행위와 관련된 은닉된 목표가 있다고 했다.

다섯째는 언어정책의 시행여건인데 많은 연구가 이루어지지 못한 부분이기도 한다. 언어정책과 시행은 정치, 경제, 사회, 인구, 생태적 요소 등 다양한 부분을 감안해야 하지만 이런 데이터를 두루 고려하여 언어정책을 제정하는건 아니다. 그중 일부는 양적연구가 가능하지만 일부는 그렇지 못하기 때문이다. 예를 들면 문화요소가 외국어 교육정책에 미치는 영향 등이 그런 것이다.

여섯째는 사용수단인데 권위적이고 강력한 방식과 설득의 방식, 탑다운과 보텀업 방식 등이 있을 수 있다. 언어정책은 대부분 거시적인 정부차원에서 진행되는 국가표준어 선택 등을 떠올리지만 사실 언어정책은 다차원적 접근이 가능하다. 1990년대 이후 중간 및 미시적 차원에서의 언어정책 연구가 활발히 진행된 것이 단적인 예이다. 예를 들어 다국적회사의 언어선택, 국제화 대도시의 언어경관, 가정 내 자녀의 언어교육 등도 대표적 사례이다.

일곱째는 정책결정 과정인데 이상적인 언어정책은 다양한 요소, 언어의 변화와 발전법칙에 대한 이해를 기반으로 진행되어야 하는데 인간의 의도적 행위로 인한 언어의 변화, 그 배후에 있는 기본법칙을 발견하기 전에 어떤 정책결정 과정을 밟아야 하는지 역시 현재 학계가 주목하는 이슈이다. 언어정책 결성과정은 문제해결을 지향점으로 이성적인 과정을 거치는 것이 당연하지만 구체 사례를 보면 꼭 그런 것은 아님을 알 수 있다. 성공적인 언어정책은 하루아침에 완성되는 게 아닌 정책시행자와 타겟대상의 장시간 충돌과 마모를 거쳐 완성된다.

여덟째는 정책의 효과분석인데 정책평가는 언어정책 연구에서 가장 약한 고리이기도 하다. 지역사회에서의 언어평가와 보급에서 엘리트들의 영향을 무시할 수 없다. 유네스코는 1951년 언어사용 기능을 10개 레벨로 분류했는데 위상계획은 레벨조정에 직결된 것이고 습득계획은 레벨별 자원배정과 관련된 것인데 이 부분에서는 교육기관에 영향을 미칠 수 있는 엘리트들의 역할이 중요하다. 그럼에도 불구하고 언어정책 평가는 정책목표의 실현정도 측정, 정책이 결과에 대한 기여도 등 부분에서 상당한 어려움을 보인다.

보다시피 쿠퍼의 '8가지 질문'은 언어정책 관련 변수와 요소를 모두 고려한 복합적 프레임인데 그 핵심내용은 '사회변화'이다. 쿠퍼는 1881년 팔레스타인 지역에서 추진된 히브리어 보급정책, 1971년 페미니즘 사조로 시작된 언어변화, 1974년 에티오피아 문맹퇴치 캠페인 등을 예로 들면서 언어정책은 사회적 변화 또는 이슈가 발생했을 때에야 추진가능하다고 주장한다. 강력한 드라이브가 없을 경우에는 의도적인 언어변화가 어렵다는 것이다. 언어정책에 필요한 사회변화를 쿠퍼는 다음과 같이 나열하였다.

첫째, 자연조건의 물리적 변화 또는 기후변화이다. 언어는 사용자가 처해 있는 자연환경과 밀접하게 연관되기 때문에 오아시스가 사막으로 변하고 기후변화로 논이 간석지로 변하는 것, 또는 화산폭발이나 기후변화로 인한 해수면 상승 등은 모두 언어의 변화를 유발할 수 있는데 이는 계획적인 언어정책보다는 인간의 의도적인 행위에 의해 발생하는 것으로 이해할 수 있다.

둘째는 인구변화이다. 도시화 이전에는 대부분 가족이 한 울타리 또는 한 동네에 살았기 때문에 친족용어가 발달했지만 도시화와 출산율 하락 등으로 인구가 줄어들면서 친족용어도 간소화 과정을 거치게 된다.

셋째는 새로운 발명과 발견 등의 영향이다. 발명창조물은 사회변화의 중요한 원동력으로 발명품이 보급되는 과정에 언어도 함께 변화되기 마련이다. 필사본 시대에 활자인쇄 기술이 발명되면서 문자에 대한 이해가 보편화되고 그에 따라 문어체의 발전과 표준화가 이루어진 것 등이 대표적인 예이다.

넷째는 문화의 교류이다. 언어는 문화의 용기이지만 문화는 반대로 언어에 영향을 미치는 잠재적 요소이기도 하다. 언어정책은 문화교류의 소통 뿐 아니라 언어와 문화 간 관계에도 주목해야 한다. 예를 들어 국제학술용어는 일종의 소통도구이기도 하지만 그 속에 문화와 관련된 컨텐츠가 담겨있어 사용자에게 영향을 미치게 된다.

다섯째는 정책결정 방식이다. 다양한 정책결정 방식은 언어에 다른 영향을 미치게 된다.

한마디로 쿠퍼의 '8가지 질문'은 언어정책 연구사 상 중요한 연구의 틀이라 할 수 잇다. 나중에 Spolsky & Shohamy(1999)가 사회언어

학과 언어정책, 정치학과 정책연구, 교육학과 교육언어학 등 차원에
서 다시 정리하여 '목표'와 '방식'을 빼고 '6가지 질문'으로 요약하기도
했다.

제2부

거시적 언어정책 연구

I.
한국 언어정책 연혁 및 가치관

1. 서론

세계 각국은 자국의 기본 국정, 국책 및 언어 사용상황을 고려하여 언어정책을 제정 및 완비한다(周玉忠, 2011). 언어는 인간의 사회화 과정 중 가장 중요한 도구이며, 적절한 언어정책 시행 여부는 주권국가의 조화로운 사회와 성장에 직결되므로 매우 중요한 현실적 및 이론적 의미를 갖는다고 할 수 있다(董天美, 2019).

한국은 전형적인 단일민족 국가로 거의 대부분 상황에서 한국어가 사용되고 있다. 한국어는 한자의 영향을 2,000년 이상 받아왔고 일제강점기에는 35년간 식민통치의 영향으로 일본어가 깊은 영향을 미치기도 했다. 1948년 건국 이후, 한국은 한자 및 일본어의 영향에서 벗어나기 위해 법률을 제정하여 한국어를 국어로 지정했고 언어 배후에 있는 강력한 민족 정체성을 되찾고 국가 정권의 안정을 위해 다각적 노력을 해 왔다. 21세기 이후 한국은 전략적 차원에서 영어교육 정책을 강화하여 국민들의 언어능력을 향상했고, 다른 한편으로 다언어 및 다문화 정책을 추진하여 이주민의 지속적인 유입에 대비하고 다양한 언어 인력을 양성하고 확대하기 위해 노력했다. 본고는 한국의 언어정책 제정과정을 분석하고 시기별 언어정책의 가치관을 평가하고자 한다.

2. 탈식민지 시기의 한국 언어정책

2.1 일본어 잔재 지우기

1910년, 대한제국은 강제로 '한일병합조약'을 체결했고 한반도는 일본식민지로 전락하여 식민통치를 받게 되었다. 일본은 강력한 언어동화 정책을 추진하여 언어 동일성을 통해 사상적 동화를 시도했다. 1911년, 일본은 제1차 '조선교육령'을 발표하여 일본어를 한반도의 국어로 지정했으며 1922년에는 제2차 '조선교육령'을 발표하여 학교에서 일본어로 교육을 하도록 했다(尹悦 & 金基石, 2019).

35년간 이어진 일본 식민통치와 언어동화 정책은 한반도의 강력한 반발에 부딪히기도 했다. 1948년 한국 건국 이후, 초대 대통령 이승만은 강력한 반일정책을 시행하여 국가차원에서 일본어 교육을 전면 금지하고, 경제 및 교육 분야에서 완전히 일본어를 배제하여 한국어에 남아있는 일본어 잔재를 모두 없애려고 했다. 1948년 한국 교육부는 '우리말 도로 찾기'라는 책자를 발행하고 전국에 배포하여 일본어 어휘의 한국어 전환을 적극 홍보했다. 1956년, 한국 교육부는 일본식 교재와 책의 학교 내 사용을 금지하고, 교육 과정에 1시간 이상의 '반일' 교육을 진행하도록 요구했다. 1973년 한일 경제교류가 추진되면서 박정희 대통령은 일본어 교육을 다시 시작할 것을 촉구하였고 한국 교육부는 25년 만에 '일본어 교재'를 발간하고 고등학교 제2 외국어에 일본어를 포함시켰다. 한마디로 한국의 일본어 교육은 건국 이후 25년 동안 공백 상태에 처해 있었다.

탈식민지 시기의 한국은 일본어의 국내위상을 약화하기 위해 '일본어 잔재 지우기'를 목표로 하는 언어정책을 시행했고 '식민통치에서 독립으로의 전환'이라는 정치적 이슈를 언어에서 구현하고자 했다. Hayes & Snyder 등이 언어를 민족정체성의 주요 표지로 제시한 것과 맥을 함께하는 것이라 볼 수 있다. '일본어 잔재 지우기'로 대표되는 당시 한국 언어정책은 국민의 왜곡된 민족적 기억, 정체성 인식 및 일상적 관습을 바로잡아 국민 정체성을 확립하고 일본어와 한국어의 불균형한 사용 상태를 교정하는데 기여함으로써 건국 초기의 정권 안정에 긍정적 역할을 했다.

2.2 한자 폐지안

한반도에 한자가 전해진 지는 2천년 이상 되었다는 것이 학계의 보편적 주장이며 1444년 세종대왕의 한글 창제 이후에도 조선왕조의 공식기록물은 여전히 한자로 기록되었다. 한마디로 한반도의 언문불일치는 오랜 시간 지속되어 한국 건국 전까지 이어졌던 것이다.

1948년 건국과 더불어 한자와 일본어는 한국에서 동시에 배제되었는데 그 배후에는 정치적 요소가 작용했다고 볼 수 있다. 1948년 한국 국회에서 '한글전용법 제6호'가 통과되었는데 해당 법안은 한국 공식문서가 반드시 한글로 작성되어야 한다고 규정했다. 1949년에는 '한자사용 건의안'이 통과되어 필요에 따라 한글과 한자를 혼용할 수 있도록 했다. 이 시기의 언어정책은 한자사용을 명확히 제한하지 않았기 때문에 신문과 잡지 등의 대중언론에서는 여전히 한자와 한글을 혼용하는 방식을 채택했다. 1958년 한국 정부는 '한글전용 실천요강'을 발표하여 모든 종류의 문서, 간판, 공식 인장 등은 오로지 한글만 사용해야 한다고 규정했다. 1961년 박정희 대통령 취임 이후에는 더 적극적인 한글전용 정책을 추진했는데 1963년에는 '문법통일안', '과학기술용어집', '법률용어집', '기관명칭 축약 제정법', '외래어 한글표기집' 등 한글전용 정책 관련 서적을 편찬하여 한글용어의 통일을 추진했다. 1967년 박정희 대통령은 한글 전용을 재차 지시하였고 1968년 '한글전용 5개년 계획 지침'을 발표하여 모든 교재에서 한자를 완전히 폐지하고, 1970년 1월 1일부터 모든 정부 기관에서 반드시 한글만 사용하도록 하여 한자와 한글 병기법이 철저히 폐기되었다. 1970년대 이후, 한국은 완전한 한글전용 시대에 진입하였고 1983년에는 한글전용 정책 목표를 거의 달성하여 한자는 기존의 정치적 기능과 의사소통의 기능을 상실하게 되었다.

일본어와는 달리 한자는 한반도 및 한국어에 깊이 뿌리내려 오랜 기간 한글과 함께 사용되어 왔기 때문에 한국은 점진적인 '탈한자' 정책을 시행할 수 밖에 없었다. 그럼에도 불구하고 정책 시행과정은 많은 저항과 어려움에 부딪혀 순탄치 않았으며 때로는 학계 내부의 갈등과 언론계의 항의를 불러 일으키기도 했다. 현재까지도 한국에서는 '한글전용'과 '한자와 한글 혼용'에 대한 논의가 진행되고 있다 (穆彪, 2018).

2.3 국어순화운동

건국 후, 한국정부는 '일본어 잔재 지우기'와 '한자 폐지안'을 추진함과 아울러 순수 한국어의 보호, 정리, 완성, 홍보 및 보급을 위해 전국적으로 "국어 순화운동"을 추진했다. 해당 언어정책은 세 가지 내용으로 구성되어 있다. 첫째, 일본어와 영어 등 외래어의 영향을 제거하고 한글 고유어 사용을 복원하여 한국어의 '순수성'을 보장하는 것, 둘째, 한자어 등 복잡하고 이해하기 어려운 어휘를 단순화하여 대중이 쉽게 사용할 수 있도록 하는 것, 셋째, 고상한 언어를 사용하여 언어환경을 정화하는 것 등이다.

1948년, 한국 교육부는 '국어순화위원회'를 설립하여 940개의 일본식 외래어와 일본식 한자어를 한국어로 전환했다. 1962년, 교육부는 '한글전용 특별심의회'를 설립하고 생활용어, 언어문학, 법률제도, 경제금융, 예술, 과학기술 등 여섯 개 분과위원회를 설치하여 한자어를 한글 고유어로 전환했다. 1970년, 교육부는 새로운 한글 철자법, 표준어, 외래어 및 로마자 표기법을 발표했고 1972년에는 '한글새소식'이라는 월간지를 창간하여 한글전용과 국어순화운동의 대중적 보급을 추진했다. 하지만 한자어가 한국어 어휘의 70%를 차지하고 있는 상황에서 학계와 대중이 한자 수용정도가 높다는 이유만으로 추진된 '국어 순화운동'은 '주관적이고 대중 참여도가 낮으며 홍보가 부족하고 심의기준이 명확치 않은' 등 부정적 평가를 받기도 했다.

한마디로 건국 이후 탈식민지 시대의 한국 언어정책은 일본어와 한자의 사회적 영향력과 지배력을 낮추고 한국어 위상 향상을 위한 다양한 시도를 했다. 이는 장기적인 종속 관계와 엄혹한 식민통치에서 벗어나려는 정치적 목표의 반영으로 해석될 수 있다. 건국 이후 한국은 자국의 역사문화와 민족어 위상을 복구하는 것이 시급하고 정당하며 합리적이라고 판단했던 것이다. 하지만 그중 일부 정책, 특히 한자어 순화정책은 국민들의 긍정적인 반응을 얻지 못했고 일부 정치인과 언어학자들의 '독선적 결과물'로 남게 되었다(高陆洋, 2013).

3. 21세기 한국의 언어정책

한국 언어정책의 최고 의사결정자는 대통령과 교육부총리이다. 교육부는 언어정책을 제정하고, 정책계획 및 시행을 통합 관리하고 자원을 조정하는 역할을 한다. 21세기 들어 한국은 '한국어를 기반으로, 영어를 중요시하고, 다양한 언어의 조화로운 발전을 추진하는' 언어 정책체계를 구축하게 되었다.

3.1 전국적 매커니즘을 이용한 영어 교육정책

한국 영어교육은 1880년대로 거슬러 올라갈 수 있는데 1886년 조선 시대에 설립된 육영공원이 그 시작이다. 하지만 일제강점기의 장기간 식민통치로 한반도의 영어교육은 정체상태에 머물러 있었다. 1948년 미국의 전폭적 지지를 받은 이승만이 한국 초대 대통령으로 당선되면서 한국은 경제, 군사 등 제 분야에서 미국의 대규모 지원을 필요로 했고 이에 따라 영어의 위상이 점차 높아지게 되었다.

1990년대 이후, 글로벌화와 정보혁명의 급성장에 따라 한국정부는 외국어 교육을 국가전략으로 규정하고 1992년에 발표된 제6차 교육과정은 영어를 고등학교 입시 주요과목에 포함시켰다. 이는 한국의 영어교육사에 중요한 의미를 갖는 이정표라 할 수 있다. 1997년 발표된 제7차 교육과정은 영어학습자의 연령을 낮추어 초등학교의 필수 과목이 되도록 했다.

21세기에 영어는 더 많은 주목을 받게 되었는데 한국 정부는 영어교육의 질을 향상시키고 영어교육의 '비효율적 시간 소모' 등 현실적 문제를 개선하는 데 다양한 연구를 진행했다. 2007년 대선 때에는 외국어 교육전략과 정책이 후보공약 중 중요한 내용으로 포함되기도 했다(沈騎, 2011). 2008년 이명박 대통령 취임 이후, 한국정부는 영어 교육을 21세기 혁신전략의 중요한 구성요소로 정하고, 새로운 '교육과정 개정안'을 발표하여 교재개선 및 영어교사 교대제도 등을 통해 영어 교육정책을 적극 추진했다. 또한 '영어교육 인텐시브 프로그램'을 추진하여 '영어로 진행하는 영어수업'을 강조하고 '실용적 영어' 교육을 추진하였다.

한마디로 한국에서 영어는 중요한 교과목일 뿐 아니라 국가와 민족의 근대화 실현에 필요한 교량이었다. '근대화'에 대한 한국 사회의 강렬한 열망을 보아낼 수 있는 부분이기도 하다. 한국 정부는 전국적 매커니즘을 동원하여 영어 교육정책을 추진하고 영어교육의 질과 효율을 개선하여 국민들의 외국어 능력 향상을 위해 노력을 경주해 왔다. 하지만 탑다운 방식으로 지속 강화된 영어 교육정책은 한국의 영어교육 자원의 양극화와 수급불균형을 초래하게 되었다. 일방적인 영어지상주의는 영어 붐을 일으켰고 이는 다시 한국사회의 언어위계 및 인식을 악화시켰으며(Smith & Kim, 2015) 영어가 외국어 중의 독보적 존재가 되면서 언어발전의 불균형 이슈가 발생하기도 했다.

3.2 다양한 언어사용자를 위한 다언어 다문화 정책

언어는 사고방식과 문화의 매개체이며, 모국어는 민족정체성을 유지하는 기초이기도 하다. 특히 단일 민족국가인 한국에서 한국어의 위상은 부정할 수 없을 정도로 절대적이다. 국어정책을 제외한 외국어 정책에서는 영어교육이 주를 이루었고, 글로벌화의 영향으로 한국의 '영어 열풍'은 심지어 '광풍' 수준까지 승격되기도 했다. 이런 상황은 언어, 문화 및 가치관의 엄청난 갭을 초래했고, 한국어의 위상과 문화정체성에 적지 않은 충격을 주었다.

글로벌화와 현지화 간 균형을 유지하고 이민자의 증가와 다양한 언어정책 니즈에 대한 현실에 직면하여 한국정부는 언어별 인재육성을 적극 추진하기 시작했다. 2006년 한국 정부는 공식적으로 다문화 다민족 사회에 진입했다고 선언하면서 이민자와 대학 엘리트를 주 타겟대상으로 하는 '다언어 다문화 정책'을 시행했다.

2004년 이민자의 언어문제 해결을 위해 한국 정부는 '외국인 노동자 지원센터'를 설립하고 한국어와 문화, 직업교육 및 법률상담 등을 제공하기 시작했다. 2008년에는 '다문화가정 지원법'을 제정하여 이민자의 언어교육 정책에 법적 및 제도적 기반을 마련했다. 국제결혼가정의 부모 및 자녀의 한국어 능력 향상을 위해 '이중언어 강사제도(또는 '다문화 언어 강사'라고도 함)'(Hyong, 2019)를 시행했는데 이는 고학력 이민자를 초등학교에 배치하여 다언어 및 다문화 교육을 제공하는 프로그램이었다. 기초교육 단계의 '다언어 다문화 정책'은 이민가정 자녀들의 학업을 돕고 학생 전체의 다문화 인식 수준을 높이기 위한 것으로, 다문화 이해를 통해 사회와 세계의 변화를 이해하도록 하는 것이 취지었다.

2016년 한국 교육부는 '특수외국어 교육진흥 5개년 기본계획(2017-2021)'을 발표하고 당해 8월에는 국립국제교육원과 함께 '특수외국어 교육진흥 관련법'을 발표했다. '특수외국어 교육진흥 5개년 기본 계획(2017-2021)'은 연간 150억을 투자하여 대학 내 다양한 언어교육을 지원하고 다언어 고급인력 육성을 추진(崔惠玲, 王星星, 2018)하는 정책이었다. 주목할만한 점은 한국정부의 다언어 교육목표가 영어교육과는 큰 차이가 있다는 것이다. 다언어 능력은 특정 외국어의 유창한 구사보다는 다양한 언어능력과 문화 이해도 향상을 장려한다. 이를 통해 '외국어 교육이 영어에 경도되어 있고 기타 외국어 인력이 부족한' 상황을 일정 정도 해소하려 했고 나아가 '외국어+전공'

실력을 갖춘 다언어 다문화 고급인력 육성을 추진하려 했다.

보다시피 글로벌화와 더불어 한국 언어정책은 국가 및 사회 발전 상황, 그리고 국민의 복합적 자기개발 니즈에 따라 국가전략을 제정하고 정부의 강력한 정책주도 하에 '글로벌 및 지역적' 언어발전 루트를 모색해 왔다. 즉, 글로벌화 속에서 언어정책과 전략을 정하고, 한편으로는 영어교육의 질과 효율을 개선함과 아울러 다른 한편으로는 한국에 대한 이민자들의 이해를 이끌어내고, 다양한 언어 및 문화교육을 확대하여 국제적 언어권과 담론권을 확보하고자 했다. 결론적으로 이러한 정책은 국민의 다문화 수준을 향상하는데 일조했으며, 이민자들의 사회적 통합수준을 높여 '한국어 기반, 영어 중심, 다양한 언어의 조화로운 발전'으로 요약되는 언어정책 체계를 구축했다.

4. 한국 언어정책의 가치관

가치지향은 언어정책의 핵심이며 출발점이라 할 수 있다. 언어정책 의사결정 주체로서의 정부는 가치관을 기반으로 언어정책을 제정 및 개혁하게 된다(沈騎, 2017). 정부는 공공이익과 이해관계자의 선택을 균형적으로 고려하여 전략적 차원에서 언어정책을 계획하고 교육자원과 투자를 조정하게 되는데, 한마디로 얘기하면 언어정책은 국가발전의 전략적 가치 실현에 필수적인 루트라는 것이다. 한국 언어정책의 가치관 역시 시대적 의미와 전략적 의미를 갖는다.

탈식민지 시대에 한국은 '일본어 잔재 지우기'와 '한자 폐지안' 정책을 시행함과 아울러 '국어순화 운동'을 전개했다. 글로벌화 속에서는 영어교육 정책을 전면 개혁함과 아울러 다양한 타겟대상을 대상으로 '다언어 다문화 정책'을 발표했다. 이는 국민들의 다문화 시야과 능력향상에 크게 일조했다. 한국 언어정책의 변화는 짙은 현지화 색채와 국제화 발전을 통합한 결과로 볼 수 있는데 그 배후의 가치지향은 다음 세 가지로 요약할 수 있다.

첫째, 탈식민지 시대의 한국 언어정책은 언어의 정치적 가치를 강조했다. 30년 넘는 식민통치를 받아온 한국은 건국 초기에 '일본 잔재 지우기'와 '한자 폐지안'을 적극 추진하여 언어 생태계에서의 한국어 주도권 및 위상을 확보했다. 그 과정에서 일본어교육은 제약을 받기도 했지만 이는 건국 초기의 정치적 안정과 민족정체성 재정립 수요를 충족하기도 했다. 물론 오랜 시간의 일본어교육 공백은 한일 경제문화 교류에 부정적 영향을 미쳤으며, '국어순화 운동' 역시 학계와 국민들의 충분한 인정을 받지 못했다.

둘째, 글로벌화와 더불어 21세기 한국의 영어교육 정책은 언어의 도구적 가치를 강조했다. 언어를 일종의 자원으로 보는 주장에 따르면 영어 역시 근대화 도구 중 하나로 간주되며, 한국에서는 국제적 의사소통 도구로서의 전략적 위치가 지속적으로 강화되었다. 정부는 실용적 영어교육을 주장하면서 영어교육의 질과 효율을 향상했고 글로벌화가 가속화되면서, 한국의 영어교육 정책은 국제무대에서 자국담론을 내세우고 경제적, 문화적 강국 이미지를 구축하는 데 긍정적인 역할을 했다고 평가받는다.

셋째, 국제결혼 및 이주노동자 증가와 더불어 한국 언어정책은 인문적 가치를 고민하게 되었다. 다문화 다언어 정책은 언어교육 영역의 저변을 확장하여 국민들의 문화적 함양을 높였을 뿐 아니라, 글로컬라이제이션 언어인식도 신장했다. 이는 이주민의 한국 사회 이해와 적응에 기여할 뿐 아니라 '영어 지상주의'의 외국어 인식을 일정 정도 개선하였고, 타 언어 및 문화교육을 확대하여 국민의 문화인식을 높이는 데 기여했다.

5. 결론

언어는 인간 고유의 능력이자 자원이며 민족정체성과 공동체 형성의 유대이기도 하다. 따라서 탈식민지 시대의 한국 정치인들은 언어정책의 '정치적 가치'를 강조하면서 '일본 잔재 지우기', '한자 폐지안'과 같은 외국어의 영향력과 지배력을 낮추는 정책을 통해 전통적 종속관계와 식민 통치에서 독립국가로 나아가는 정치적 상징을 실현하고, 민족 정체성을 강화하고 건국 초기의 정권 안정을 유지하였다. 하지만 한자는 한반도에 깊이 뿌리내려 한글과 장기간 병행 사용되어 왔기 때문에 한자 폐지안과 '국어순화 운동' 등은 지나친 국수주의 경향으로 학계, 언론 및 대중들의 저항을 받기도 했다. 김대중 대통령 시기 정부가 주민등록증에 한자 이름을 표시할 수 있도록 허용한 것이 가장 대표적인 사례이다.

21세기에 접어들어 한국 정부는 글로벌화 트렌드를 충분히 고려하여 언어정책의 도구적 가치를 강조하기 시작했다. 한국은 국가적 매커니즘을 동원하여 영어교육 개혁을 진행했는데 영어능력 향상에 대한 한국정부의 의지를 보여주는 사례이기도 하다. 하지만 탑다운 방식으로 지속 강화된 영어교육 정책은 또 다른 문제를 야기하기도 했다. 한국 전역에 걸친 영어 열풍은 문화와 가치관 간 간극을 초래하여 한국어의 위상과 문화 정체성에도 영향을 미쳤으며 '영어지상주의' 마인드로 다양한 언어 간 균형이 깨지고, 외국어 인재의 불균형을 초래하게 되었다.

한국 정부는 글로벌화가 한국어와 문화를 대체할 수 없음을 빠르게 인지하여 국가 언어능력의 합리적 균형이 필요하다는 점을 강조하기 시작했다. 현재 한국의 언어정책은 사회발전과 개개인의 자기개발 니즈를 통합하여 글로컬라이제이션 언어발전 루트를 모색하고 있으며 다양한 타겟을 대상으로 '다문화 다언어 정책'을 추진하고 있다. 즉, 글로벌화 배경에서 언어정책과 전략을 정하고 한국사회와 한국어에 대한 국제사회의 이해를 높이기 위해 영어능력을 향상함과 더불어 대학과 고급 인력을 대상으로 타 언어 및 관련 문화교육을 확대하여 국제적 담론권을 확보하고자 노력하고 있다. 해당 목표 실현을 위해 한국은 '한국어를 기반으로, 영어를 중요시하고 다양한 언어의 조화로운 발전을 추진하는' 언어정책 체계를 구축하여 언어정책의 인문적 가치를 부각하고 있다.

Ⅱ.

한국대학의 외국어 교육정책

1. 서론

1978년 하버드대가 발표한 코어 커리큘럼 보고서(Report on the Core Curriculum)는 '우주, 사회 및 인간지식의 이해 및 습득'을 취지로 학제간 학문을 기반으로 문학, 예술, 과학, 역사, 사회분석, 도덕과 논리, 외국 문화 등 여섯 가지 핵심교육 모듈을 설정했다(Rosovsky 1990:115-127). 2017-2018 학년부터 하버드대 코어 커리큘럼은 8개 모듈로 확장되었다. 시카고대와 컬럼비아대는 1990년대 초에 교양교육(Liberal Education) 범위를 확장하여 대학교육의 핵심인 교육철학을 더 구체화했다.

교양교육에 대한 미국대학의 움직임은 한국 대학의 관심을 유발하였고 1990년대 후반부터 교양교육 코어 커리큘럼을 도입하여, 학제간 복합형 인재 육성을 위한 틀을 마련했다. 한국 대학의 교양교육 시스템은 대학마다 일부 차이가 있지만, 대체로 문학과 예술, 역사와 철학, 사회과학, 외국어와 외국문화, 자연과학 등 다섯 가지 모듈로 구분된다. 그중 '외국어와 외국문화' 모듈은 필수교양으로, '다양한 언어를 습득하고 해당 지역에 대한 이해를 넓히고 국제적 역량을 향상하는 것'을 목표로 한다. 본고는 한국 주요 대학의 교양외국어 정책분석을 통해 한국 대학의 다언어 인재육성 모델을 살펴보고자 한다.

Pauwels(2011:247)은 '학생, 교사 및 커리큘럼'이 언어교육의 세 가지 핵심요소라 제시했고 Norris & Mills(2016:3)는 '언어교육 평가는 커리큘럼 전반과 학생, 교사 및 행정평가를 포함해야 한다'고 언급했다. 여기서 행정평가는 정부정책, 대학 교양교육 관련 기관 및 예산 등을 의미한다. 이를 기반으로 본고는 한국대학의 교양외국어 정책을 행정관리, 커리큘럼, 교수진 구성 및 학생 인지도 등 네 가지 차원에서 살펴보고자 한다.

본고는 한국 주요 대학의 교양외국어 정책 조사를 위해 대학 공식사이트 방문 및 교양외국어 담당자 면담을 진행했으며 최종적으로 7개 이상의 교양외국어를 제공하는 국립 서울대학교, 고려대학교, 연세대학교, 이화여자대학교, 한국외국어대학교, 서강대학교를 연구대상으로 선정하였다. 해당 대학은 한국 고등교육의 최고 수준을 대표하는 연구형 대학으로, 국가발전을 위한 다양한 인재와 학문적 기반을 제공하고 있다.

2. 한국정부와 대학의 외국어 교육정책

한국은 천연자원이 부족하고 경제성장을 위한 80%의 원자재를 수입에 의존하는 나라로, 세계 5위의 석유수입국이며 수출의존도가 상당히 높은 국가이다. 국가 성장전략과 수출중심의 산업특성을 위해 한국정부는 국가차원의 외국어교육 정책과 자금지원을 통해 주요 대학이 '외국어+전공'의 복합형 인재를 육성할 수 있도록 적극 장려하고 있다.

2007년 한국교육부가 발표한 '외국어 커리큘럼 신안'에서는 '우리나라는 토지면적이 작고 천연자원이 부족하므로 선진국 도약을 위해 국제무대에서 활약할 우수한 인재를 육성해야 한다. 국가 교육시스템에서 외국어교육은 중요한 역할을 해야 한다'라고 강조한다. 해당 정책문서에서는 외국어교육의 취지를 다언어 능력 인재 육성, 대상국 문화 이해 증진, 국제적 경쟁력 향상, 국가전략적 수요 충족이라고 밝혔다. 해당 정책의 외국어 커리큘럼에는 독일어, 프랑스어, 스페인어, 중국어, 일본어, 러시아어, 아랍어가 선정되었다.

2015년 한국 교육부가 발표한 '외국어 커리큘럼 개정안'에서는 '외국어교육을 강화하여 창의적 융합형 인재를 육성하고 학생들의 공동체 의식과 문화적 소양을 높이며 다양한 문화와 가치를 이해하고 공유하여 인류문화와 문명에 기여가능한 인재를 육성해야 한다"고 언급했다.

해외시장 다각화와 전략적 자원외교, 그리고 국제협력 개발프로젝트 강화를 위해, 2016년 한국 교육부는 '특수외국어 육성 5개년 기본계획(2017-2021)'을 발표했다. 같은 해 8월, 한국 교육부와 국립 국제교육원은 '특수외국어 육성 관련법(약칭 '특수외국어 교육법')'을 발표했다. 해당 법은 '특수외국어 학습을 위한 법적 및 제도적 기반을 마련하고, 특수외국어 학습조건과 교육환경을 강화하여 경제, 무역, 외교, 안보, 언어 및 문화 등 사회 제 분야에서 특수외국어에 능통한 전문인재와 지역 전문가를 양성하여 국가발전 전략에 필요한 인력을 제공하고 국내외 교류 수요를 충족시키기 위함'이라고 명시하고 있다. 해당 법은 주요 외국어(Priority Foreign Language, 영어, 중국어, 프랑스어 등)와 53종의 특수 외국어(Special Foreign Language)를 규정하고 있다. 특수 외국어에는 아랍어, 아제르바이잔어, 터키어, 이란어, 히브리어 등 중동지역 언어12종, 카자흐어와 몽골어 등 중앙아시아 언어 7종, 베트남어, 태국어, 인도네시아어, 미얀마어, 힌디어와 싱할라어 등 인도 아세안 지역 언어 14종, 폴란드어, 헝가리어, 그리스어, 이탈리아어 등 유럽어 18종, 포르투갈어와 브라질 포르투갈어 등 라틴아메리카 언어 2종이 포함되어 있다.

한국 교육부는 '특수외국어 육성 5개년 기본계획(2017-2021)'에 따라 매년 150억원을 투입하여 주요 대학의 특수외국어 교육을 지원한다고 발표했다. 이를 기반으로 특수외국어 교육 및 연구능력을 강화하고, 교육환경을 개선하며, 특수외국어 표준 커리큘럼 및 사전을 개발하여 복합형 특수외국어 인재를 육성한다는 것이 주 내용이다.

한마디로 국가성장 니즈를 충족하고 차세대 글로벌 경쟁력과 문화적 소양을 강화하기 위해 한국 정부는 '글로벌 외국어 인재는 영어 인재'라는 영어중심적 사고방식에서 벗어나 외국어교육에 대한 거시적 계획을 다시 고민했던 것이다. 이를 위해 '주요 외국어'와 '특수 외국어'를 법적으로 정의하여 외국어교육에 제도적 보장을 제공하였고, 대학에서 다언어 교육과 다문화 교육을 시행하도록 장려했다.

다언어 교육여건을 갖춘 주요 대학은 정부의 외국어 교육정책에 따라 구체적인 교양외국어 정책을 제정했고 교양외국어에 대한 학생들의 인지도를 향상하여 학생들의 다언어 능력 구축목표를 실현했다.

먼저, 서울대는 '교양외국어 특별장학금: 신실크로드 해외학습 프로그램'을 만들었는데 해당 프로그램은 동일 외국어를 연속 3학기 이상 수강하고 레벨업을 실현한 학생들 대상으로 대상국에서의 교환기회를 제공하고, 교환기간 내 등록금, 여비, 숙박비 및 생활비 등 대부분을 학교에서 제공하는 정책이다. 또한 서울대는 '베이징, 모스크바, 뉴욕, 마드리드, 파리 하계 및 동계 해외연수 프로그램'을 운영하여 동일 외국어를 연속 2학기 수강하고 우수한 성적을 받은 학생들 대상으로 베이징, 모스크바, 뉴욕, 마드리드 및 파리 등 도시에 어학연수를 다녀올 기회를 제공하여 학생들이 대상국 환경에서 100% '몰입식' 외국어 학습을 진행하고 생동감 넘치는 현지 언어와 문화를 경험할 수 있도록 했다. 해당 프로젝트 경비 역시 대학에서 전액 제공했다.

서울대는 또한 언어능력 평가(SNU Language Test) 시스템을 개발하여 중국어, 일본어, 프랑스어, 독일어, 스페인어 및 러시아어 등 여섯 가지 언어의 평가시스템을 구축했다. 해당 평가시스템은 한국 정부

기관이 해외 파견 인원을 선발하는 데에도 중요한 지표로 사용되고 있고 대학생 취업 경쟁력의 중요한 지표로도 활용되어 학생들의 외국어 학습 동기를 더욱 추진할 수 있게 되었다. 또한, 교양외국어 교육의 일관성 확보를 위해, 한국대학들은 교양외국어 커리큘럼을 최적화하고 학제간 교차 커리큘럼도 개발하였다. 여섯 대학 모두 교양외국어 I과 II를 제공하고 대상국 개론 강좌 또는 역사, 정치, 경제, 문화 등 관련 과정을 개설하고 있다. 연세 대학교는 모든 교양외국어에 I, II, III 시리즈까지 제공하고 있기도 하다.

3. 교양외국어 정책

본고가 분석한 여섯개 대학은 모두 코어 커리큘럼(Core Curriculum) 내에 '외국어와 외국문화' 모듈을 설정하고 있고, 외국어 교육정책을 지침으로 교양외국어 교육을 적극 추진하고 있다. 다음은 Pauwels(2011:247)를 바탕으로 교양외국어 커리큘럼, 교수진과 수강생 인식 등을 중심으로 한국 대학의 교양외국어 교육모델을 분석하고자 한다.

3.1 교양외국어 커리큘럼

표 1에서 보다시피 한국대학은 유럽, 북미, 아시아, 아프리카, 라틴 아메리카 지역 언어 대부분을 교양외국어로 개설하고 있다. 서울대는 27종의 언어를 교양외국어로 개설하고 있고, 사립대의 교양외국어는 상대적으로 그 수가 적으며, 외국어에 특화된 한국외대 역시

서울대 대비 적은 교양외국어를 개설하고 있다. 고려대는 교양외국어 수가 가장 적은데 7종의 외국어과정을 운영하고 있다.

국립대와 사립대 모두 중국어, 독일어, 러시아어, 프랑스어, 일본어, 스페인어, 아랍어 등 7개 언어를 개설하고 있고, 한문, 고대 그리스어, 라틴어, 산스크리트어, 타밀어 등 고전언어 과정을 개설하고 있는 학교도 보인다. 이는 언어의 도구성과 인문학적 가치를 중요시하는 한국대학의 교육이념과 관련있다고 볼 수 있다. 고전언어 습득은 현지 문명과 문화의 심층적 이해를 돕고, 대상국과 지역 문화 이해를 증진하고 이해의 갭을 줄이며 정보 균형을 향상하는데 긍정적인 효과가 있다.

<표 1> 교양외국어 커리큘럼[1]

	서울대 (27종)	고려대 (7종)	연세대 (10종)	이화여대 (10종)	한국외대 (20종)	서강대 (12종)
중국어	●	●	●	●	●	●
일본어	●	●	●	●	●	●
프랑스어	●	●	●	●	●	●
독일어	●	●	●	●	●	●
러시아어	●	●	●	●	●	●
스페인어	●	●	●	●	●	●
포르투갈어	●				●	
네덜란드어					●	
이태리어	●		●		●	

---

1) 这些数据是在各大学的官方网站收集的信息, 有可能不全。这六所大学除了公共外语课程之外, 还设有专门的语言教学中心(对校内外开放的收费类教育机构)提供多语种教学服务, 但这些信息不在本文考察范围内, 故不予列出。

아랍어	●			●	●	●	●
루마니아어	●						
핀란드어	●						
히브리어	●						
페르샤어	●						
터키어	●					●	
이란어						●	
몽고어	●					●	
힌디어	●					●	
방글라세이어	●						
말레이어	●					●	
타밀어	●						
태국어	●					●	
베트남어	●					●	
스와힐리어	●					●	
한문	●	●		●	●	●	●
범어	●						●
고대그리스어	●						●
라틴어	●			●	●	●	●
만주어	●						●
광동어					●		

위 여섯개 대학은 특정전공 대상 교양외국어 필수학점을 설정하여, 해당 학점을 수료해야 졸업자격을 얻을 수 있도록 했다. 표 2에서 보다시피 국립대 학점요구는 사립대 대비 상대적으로 높게 설정되어 있다. 서울대 인문계열과 외국어계열 전공은 교양외국어를 9학점 이수해야 하는데 그 중 3학점은 중급 이상 과정이어야 하고, 사

범대는 6학점을 이수해야 한다. 또한, 서울대 인문계열과 사회과학계열 석사과정 입시에 교양외국어가 필수 시험과목으로 설정되어 있어 응시자는 중국어, 독일어, 프랑스어, 러시아어, 스페인어, 한문 중 하나를 선택하여 시험을 볼 수 있다.

대부분 사립대 역시 인문계열과 외국어계열 전공에 3-6학점의 교양외국어 필수학점을 설정하고 있는데, 고려대의 경우 법대도 교양외국어 이수규정이 있고, 이화여대는 사회과학 계열과 자연계열, 예체능 계열에서 대학 1학년 때 교양외국어를 수강해야 한다는 규정이 있다. 서강대는 사회과학계열, 신문방송학부 및 융합전공 1학년에서 교양외국어 학점이수를 요구하고 있다.

<표 2> 교양외국어 학점규정

대학교	단과대	필수학점
서울대	인문계열, 외국어계열	9
	사범대	6
고려대	인문계열, 외국어계열	6
	법대	3
연세대	인문계열	6
이화여대	인문계열, 사회과학계열	4
	자연계열, 예체능 계열	2
한국외대	외국어계열	6
서강대	인문계열, 사회과학계열, 신문방송학과, 융합전공	3

〈표 3〉에서는 한국대학의 교양외국어 과정 관련 학점배정, 교수진, 시험, 수업방식 등 규정을 볼 수 있다. 서울대는 교양외국어 수

강인원을 과정당 20명으로 규정하고 주1회 언어랩 수업, 그룹수업 장려 등을 규정하고 있다. 서울대는 대상국에서 생활했거나 외고에서 해당 언어를 배운 학생에 한해 개학 전 언어능력 테스트를 진행하여 중복수강을 피하게 하고 언어능력 테스트를 통해 레벨별 외국어수업을 제공한다. 학생의 교양외국어 능력이 수업레벨 이상일 경우, 학교측에서 타 언어 수강을 통보하여 보다 맞춤화된 포괄적인 교양외국어 교육을 진행한다. 또한, 서울대는 수강생들의 언어능력을 공정하게 평가하기 위해 중간 및 기말시험에 통합시험지를 적용한다. 기타 사립대의 경우 교양외국어 수강자를 30명으로 제한하고 있고 고려대, 연세대 및 이화여대는 그룹 수업 의무화 규정과 언어랩 수업 관련 규정을 제시하고 있다.

<표 3> 교양외국어 수업방식

대학교	학점	수강자/반	통일시험	그룹수업	레벨테스트	Lab강의
서울대	3	20	●	●	●	●
고려대	3	30		●		●
연세대	3	30				●
이화여대	2	30		●		
한국외대	3	30	●			
서강대	3	30				

3.2 교양외국어 교수진

〈표 4〉에서 보다시피 서울대와 이화여대는 교양외국어 수업에 한국인과 원어민 교사를 함께 채용하고 있다. 서울대의 경우, 교양외국

어 과정당 3학점을 배정하고 주당 4시간 수업하는데, 한국인 교사가 3시간, 원어민 교사가 1시간을 담당한다. 원어민 교사는 주로 팀티칭이나 언어랩 수업을 진행한다. 기타 대학은 교사의 모국어 여부에 대한 명확한 규정이 정해져 있는 건 아니다.

<표 4> 교양외국어 교수진

대학교	한국인과 원어민	한국인 또는 외국인
서울대	●	
고려대		●
연세대		●
이화여대	●	
한국외대		●
서강대		●

교양외국어 교수진은 연세대의 경우, 교내에 해당 외국어 전공이 있을 경우 학과에서 통합 배정 및 진행하고, 해당 외국어 전공이 없을 경우에는 학기별로 대상국 유학생이나 외부강사를 고용하여 수업을 진행한다.

3.3 교양외국어 인식

〈표 5〉에서 보다시피, 연세대는 모든 교양외국어에 Ⅰ, Ⅱ, Ⅲ 레벨별 강의를 제공하고 실생활과 연결된 교양외국어 장려책을 내놓았지만 러시아어, 스페인어, 아랍어, 이탈리아어 등은 Ⅲ 레벨에서는 수강생이 전무했다. 중국어와 일본어의 인기는 상대적으로 높은데 이는 교양외국어에 대한 인식과 선택이 여전히 현실수요와 취업 측면에 머무르고 있음을 반영하며, 대부분 학생들은 한국과 교역관계

가 밀접한 국가의 언어를 선택하려는 경향이 있고 기타 언어는 변두리로 밀려나는 불편한 현실을 볼 수 있다.

<표 5> 연세대 2018년 봄학기 교양외국어 수강생 통계

레벨	중국어	일본어	독일어	프랑스어	러시아어	스페인어	아랍어	이태리어
I	230	189	146	139	105	173	30	30
II	68	84	39	45	9	23	7	/
III	44	17	13	17	/	/	/	/

동아일보[2]에 따르면, 한국의 연간 토익 응시자 수는 200만 명 이상으로, 전 세계 토익 응시자의 '반의 반'을 차지한다. 반면, 2017년 JLPT(Japanese Language Proficiency Test) 응시자는 약 9만 명, HSK(Hanyu Shuiping Kaoshi) 응시자는 약 13만 명에 그쳤다. 토익, JLPT 및 HSK 시험을 준비하는 학생 대부분이 대졸 예정이라고 가정하면, 한국 대학에서 가장 인기가 있는 교양외국어인 중국어와 일본어 학습자도 영어에는 크게 못미쳐 한국의 외국어 교육정책, 대학 교육제도 및 개별 학습자 인식 간에 여전히 갭이 크다는 것을 알 수 있다. 한국정부와 대학이 다양한 외국어 교육정책과 지원을 제공하고 있음에도 불구하고 학업과 취업에서 영어의 강세가 더욱 강화되고 있다는 것이다.

---

2) http://news.donga.com/3/all/20180705/90908078/1.

4. 교양외국어 교육경험과 시사점

먼저, 외국어 인재육성은 국가차원의 계획과 지원이 필요하다. 한국 정부는 경제 및 사회발전 단계에 맞춰 외국어 교육정책 및 관련 법을 적시적으로 수정 발표했고 국제적 시야를 갖춘 외국어 전문인재 육성을 추진했다. 이를 위해 정부는 예산을 투입하여 외국어 전문인재 양성을 위한 제도적 보장을 제공하기도 했다. 국립대인 서울대의 교양외국어 과정은 다양한 언어, 교육방법, 교수진 요구 및 장려책 등 부분에서 사립대보다 큰 우위를 보였다. 서울대는 교양외국어 전용 장학금을 설립하고 다양한 해외교환 프로그램을 운영하여 학생들의 외국어 학습의욕을 향상하고 국제시야를 넓히며 인문교양 향상에 힘써 왔다. 이는 국가전략에 부응하고 국가재정에서 예산을 받으며 국가정책을 따르는 국립대 본연의 의무와 관련이 있으며 국가 언어계획과 지원이 외국어 교육분야에서 긍정적 효과를 거둘 수 있음이 입증되는 사례이기도 하다.

둘째, 대학은 실행 가능한 범위 내에서 다양한 언어교육 시스템을 구축했다. 정부정책과 장려책에 따라, 한국 대학은 교양외국어 교육 매커니즘을 개선했고 다양한 외국어 교육을 추진했다. 인문계열, 사회 과학계열 및 외국어계열 학부생에 한해 한 개 이상의 교양외국어 이수를 요구했고 이를 기반으로 대상국 개론이나 문화관련 과정을 추가 개설하여 복합형 인재 육성에 힘썼다.

셋째, 한국정부와 대학은 다양한 교양외국어 과정을 개설하고 '영어에 경도된' 외국어 교육현실을 변화하기 위해 노력하고 있지만, 아직 해결되지 않은 어려움들이 산재해 있다. 대부분 대학의 교양외국어는 여전히 영어 중심으로 운영되고 있다. 이는 국가발전의 장기적 관점에서 볼 때 외국어 복합인재를 육성하고 지원함에 있어 국가정책의 역할이 더 절실함을 반증해 주기도 한다. 외국어 인재육성은 장기적이고 체계적인 작업이며, 관련 언어의 비인기 특성이 단기내에 큰 변화가 발생하지 않음을 고려하여, 국가는 과학적 계획을 기반으로 여건이 마련된 대학 중심으로 실행 가능한 다국어 인재 육성 및 지원 메커니즘을 구축해야 한다.

Ⅲ.

미디어 담론으로 본 언어정책

1. 서론

2020년 10월 발표된 미국 PEW 리서치센터의 보고서에 따르면, 대중국 부정적 인식이 사상 최고치를 갱신하고 있는데 혐중정서가 높은 순으로 일본(86%), 스웨덴(85%), 호주(81%), 한국(75%), 영국(74%) 및 미국(73%) 순으로 집계되었다. 특히, 중국과 근거리에 있는 일본과 한국의 대중국 인식이 지속적으로 악화되어 2002년의 42%와 31%에 비해 두 배 이상 증가했다. 한마디로 서방국가 뿐 아니라 동아시아 국가들의 대중국 이미지 역시 지속적으로 하락하고 있다는 것이다. 이는 '책임있는 대국 구축'을 목표로 하고 있는 중국에 있어 상당히 유감스러운 일이 아닐 수 없다.

Moffitt(1994)는 국가이미지가 소셜, 텍스트 및 개인경험을 통해 형성된다고 주장한다. 중국 방문경험이 없는 대부분 외국인들의 경우, 상상 속 중국은 대부분 텍스트로 구성된 의사환경(pseudo environment)에서 비롯된다고 할 수 있다(Lippmann, 1992). 이는 언론이 정보를 선별하고 가공하여 만들어 낸 실제 환경과는 비교되는 또 다른 환경이다. 언론이 구축한 국가이미지는 단기간 내에 특정 국가에 대한 인식과 태도에 영향을 미칠 수 있고, 반복적인 누적 효과를 갖는다. 특정 국가에 대한 부정적 이미지는 경제 및 외교 관계에도 큰 영향을 미칠 수 있다. 본고는 코로나19 팬데믹을 기점으로 한국 언론의 중국 관련 기사를 통해 중국 이미지 구성방식과 배후의 논리를 살펴보고자 한다.

2. 이론배경과 선행연구

언어학에서의 담론은 문장보다 큰 의미단위로, '담론'의 사용빈도가 더 높은 이유는 사회언어학자들이 언어 사용자의 정체성과 의도를 판단하는 데 있어 문장만으로는 충분하지 않다고 생각하기 때문이다. 때문에 '언어 반영론'의 제약에서 벗어나 '담론구축론'의 영역을 선택하게 된다(Tian, 2015). 담론이론은 구성주의 인식론과 밀접한 관련이 있다. 한마디로 담론이 없다면 사회적 현실도 존재하지 않는 다는 것이다(Philips & Hardy, 2002). 구성주의는 담론을 일종의 사회적 실천으로, 현실을 수동적으로 반영하는 것이 아닌 언어와 문법의 선택을 통해 현실을 적극 구성한다고 주장한다. Foucault(1972)는 담론이 특정 사실에 대한 의미적 구축이라고 했으며, 특정 역사적 및 사회적 맥락의 이익을 위해 존재한다고 주장한다. 그는 또한 '담론권력'이라는 개념을 제시했는데, '담론은 단순한 표현뿐 아니라 일종의 권력관계인데, 권력은 누가 주체적으로 말하고 어떻게 말할지를 결정한다'고 주장했다. 한마디로 담론은 곧 권리라는 것이다.

Bourdieu(1991)는 기호권력론을 제안했는데, 언어기호가 특정 영역에서 주체에 영향을 미치고 심지어 주체를 통치하는 도구가 된다고 주장한다. 언어기호 간 대립은 서로 다른 이익집단이 기존의 정치, 경제 및 전반 담론권 경쟁에서 어떤 위치에 있는지에 따라 달라진다. Bourdieu는 보다 광범위한 시각에서 담론과 권력을 결합하여 권력이 담론를 결정하고 담론이 권력을 반영한다고 했다. 요약하면, 담론은 사회적 맥락에서 발생하며, 이를 통해 사회적 현실을 구축한다는 것이다(Gee, 2003).

담론 이론의 발전으로 미디어 담론연구도 심화되고 있다. Gamson(1989)은 구성주의 미디어담론에 관련해 '뉴스는 객관세계의 단순한 투영이 아니라 사회를 구축하는 복잡한 과정'이라고 주장했고, Fowler(1991)도 '뉴스는 공정한 사회적 현실과 사실이 아니라 현실의 사회적 구축에 불과하다'고 했다.

국가이미지는 외국 언론에서 나타난 특정 국가의 이미지(徐小鴿, 1996)로 담론 안에 존재하고(Kress, 2001), 담론 형태로 존재한다(Fairclough & Wodak, 1997). 외국 언론에 나타난 중국담론을 통해 해당 국가가 어떻게 중국이라는 이미지를 구축하고 제약하고 구성하는지 알 수 있다(楊奇光, 2017). 국가 이미지가 비합리적인 구축 또는 위협을 받을 때, 해당 국가는 이에 대한 설명, 변명, 조정, 및 변명을 진행할 필요가 있다(Benoit, 1994).

담론 차원에서 연구된 외국 언론 내 중국 이미지 분석은 상당한 성과를 거두었다. 潘志高(2003), 程早霞(2019), 史安斌(2019) 등은 뉴욕 타임스에 게재된 인권, 티벳, 대만, 경제, 빈곤퇴치 등 이슈에 대한 분석을 통해 중국의 인권담론 체계구축 필요성을 제안했다. 刘继南(2006), 徐明华(2016), 安利利 등(2020), 杨巧燕(2020), 赵庆寺 등(2021)은 뉴욕 타임스와 워싱턴 포스트에 나타난 중국 이미지 또는 중국공산당 이미지를 분석, 중국외교의 홍보작업을 한층 개선하여 중국특색 담론체계를 완성하고 국제 담론력을 향상해야 한다고 제안했다.

서양의 대표적 언론 외에도 한국 주류언론에 나타난 중국이미지 연구 결과물도 있다. Lee(2006)는 한국 언론에서의 중국은 단지 글로벌 경제시장에 불과하며, 중국에 대한 인식부족으로 한국의 언론 보도가 다차원적이고 입체적인 중국이미지를 제대로 반영하지 못하고 있다고 주장한다. 徐玉兰(2010)은 한국 언론에 나타난 중국 이미지를 '경제성장 슈퍼파워, 글로벌 정치영향력을 갖춘 대국, 고대문명 대국, 사회질서 후진국'으로 분석했다. Kim(2014)은 한국 언론에서의 중국이미지를 '신흥국가, 인권문제가 심각한 나라, 부상하고 있는 대국'으로 분석했다. 尹悦(2020)은 한국 언론이 구축한 중국이미지는 긍정적 이미지 뿐 아니라 부정적인 부분도 있으며, 주요 영향요인은 국가안보, 경제이익 및 언론사의 정치적 성향이라고 분석했다. 한마디로 한국 주류 언론에 나타난 중국 이미지 연구결과는 기사내용과 보도입장 차원에서의 연구가 주를 이루고, 남론자원에시의 이미지 분석이 아직 미비하여 건설적인 제안을 내놓지 못하고 있다.

3. 연구설계

3.1 연구배경 및 데이터 수집

COVID-19는 2020년 1월 21일 사람 간 감염이 가능한 것으로 공식 확인되었으며, 3월 11일 세계보건기구에서 팬데믹으로 규정하였다. 코로나 발생 이후 중국은 우한감염 사태를 2개월 내에 통제가능한 상태로 제어하였고 글로벌 전역의 혼란상에도 불구하고 생산과 생활에 복귀하는데 성공하여 2020년 세계에서 유일하게 경제성장을 실현한 국가가 되었다. 코로나의 진원지가 중국이었던 관계로 팬데믹 내내 중국에 대한 기사가 쏟아졌고 중국 이미지는 다양한 정치적 성향을 가진 언론에 의해 구축되었다.

본 연구는 한국 주류 언론인 중앙일보와 한겨레를 연구 대상으로, COVID-19이 사람 간 감염으로 공식 확정된 전날인 2020년 1월 20일부터 2021년 1월 20일까지 1년 간 중국 관련 보도를 분석 데이터로 삼았다. 중앙일보는 한국 최대 언론으로, 보수 성향으로 평가되고 있고 한겨레는 진보 성향의 대표적 언론으로 알려져 있다 (Song, 2005). 언론의 정치적 성향에 따라, 동일한 사건도 다른 방향으로 보도될 수 있으므로(Mann, 1974), 정치적 성향이 다른 두 언론을 선택하여 중국 이미지 구축이 정치적 성향에 따라 편향될 가능성을 최대한 피하려 했다.

3.2 연구방법과 연구문제

먼저, 본고는 중앙일보와 한겨레 공식사이트에서 '중국'을 검색하여 뉴스데이터를 수집했는데, 검색 기간은 2020년 1월 20일부터 2021년 1월 20일까지로 설정하였다. 그 후, 모든 데이터를 수동으로 검토하여 중복 또는 무효 내용을 제거한 후, 중앙일보에서는 1742개, 한겨레에서는 719개의 뉴스 데이터를 뽑아 총 2461개의 뉴스를 수집했다.

다음 Semetko & Valkenburg(2000)가 제안한 5가지 프레임 이론을 참고하여 6가지 담론 유형을 설정하고, 내용분석법에 따라 코딩을 진행하였다. 마지막으로, 한국 언론이 구축한 중국 이미지 담론을 분석하고 그 배후의 보도논리를 밝혀내기 위해 다음과 같은 연구문제를 설정하였다.

연구문제 1. 한국 언론은 어떤 유형의 담론과 담론 간 상호작용을 통해 중국 이미지를 구축하고 있는가?
연구문제 2. 한국 언론이 구축한 중국 이미지와 그 배후의 보도논리는 무엇인가?

4. 연구결과

본고는 한국 주요 언론에서 나타난 중국 관련 담론 유형을 갈등 강조 담론, 평화안정 담론, 책임담론, 경제결과 담론, 사회위기 담론 및 기타 등 6가지로 분류한다. 중앙일보와 한겨레는 국내 뉴스에서는 명확한 정치적 대립을 보여주지만(Han & Kim, 2021), 중국 관련 보도에서는 거의 유사한 담론 프레임 비율을 보였는데, 보수언론인 중앙일보는 책임담론을, 진보언론인 한겨레는 갈등강조 담론을 우선시 하고 있음을 볼 수 있다.(그림 1 참조)

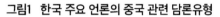

그림1 한국 주요 언론의 중국 관련 담론유형

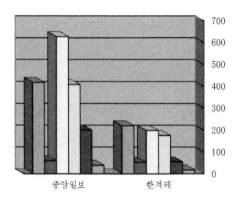

책임담론은 해당 기간 한국언론의 중국 관련 기사에서 가장 높은 비율을 보였다. 예시 1에서 보다시피 해당 유형의 담론은 팬데믹 발생, 바이러스 기원, 예방 및 대응, 대기질 등의 이슈에 집중하여 사건의 책임과 원인을 확인하고, '중국의 공중보건 상태가 통제 불능에 처해 있고, 팬데믹 및 대기질 저하와 같은 문제는 중국에 책임이 있다'고 강조하고 있다. 또한 중국의 관련 제도, 규정, 절차 및 공공시설에도 문제가 있다고 지적한다.

- '우한 폐렴' 폭발적 확산세… 중국 방역구멍 뚫렸나[3]
- 미국서 '우한 폐렴' 첫 환자 발생… 중국서 온 30대 여행객[4]
- 기상천외 식도락이 '박쥐의 역습' 불렀다… 중국 우한의 비극[5]
- 잠깐 맑아졌던 하늘… 중국 봉쇄령 풀리니 다시 대기오염 악화[6]
- 서울, 베이징, 오사카는 황토색… 위성서 본 동아시아 미세먼지 이동[7]

'이중대립' 양상을 보여주는 갈등강조 담론은 중국의 내외부적 갈등의 원인과 결과를 다양한 시각에서 다루면서 중미, 중호, 중인 등 국제관계, 신장, 홍콩, 대만과 관련된 국내 이슈, 김치의 기원, 한복의 기원 등 중국과 한국의 전통문화 간 논란과 이슈를 주로 다룬다 (예시 2 참조). 갈등강조 담론은 중국을 '서방 세력과 대항할 수 있는 강대국'의 이미지로 구축하는 한편, '이웃 국가의 전통문화를 뺏으려고 하는 공세적' 이미지를 강조한다.

- 韓 망설이는 사이…반중국 결속 끌어올리는 미, 일, 인도, 호주[8]
- 중국, 주요 7개국 제동에도 '홍콩 보안법' 심의 개시[9]
- 중국선 격투기부대, 인도는 킬러부대…누가 더 셀까[10]

---

3) https://www.hani.co.kr/arti/international/china/925094.html
4) https://www.joongang.co.kr/article/23687897
5) https://www.joongang.co.kr/article/23691880#home
6) https://www.joongang.co.kr/article/23780596
7) https://www.hani.co.kr/arti/society/environment/970454.html
8) https://www.joongang.co.kr/article/23799301
9) https://www.hani.co.kr/arti/international/international_general/949999.html
10) https://www.joongang.co.kr/article/23816345

- '한복은 중국옷'이어 블랙핑크 비난한 中, 한중 온라인 전쟁[11]
- '중국서 김치 유래' 주장한 바이두, 윤동주 국적도 왜곡[12]

평화와 안정 담론은 갈등강조 담론 대비 시간순서에 따른 서술을 통해 팩트를 재구성 또는 전달하는데 해당 기간에는 코로나 외교, 북중관계, 한반도 평화, 한중 고위급 상호 방문 등이 포함되었다.

예시 3

- 코로나19 수렁 탈출한 중국… 전 세계 상대로 '전염병 외교' 총력전[13]
- 북한, 식량 부족으로 작년 중국산 곡물수입 240% 늘려[14]
- 양제츠 22일 서훈과 부산서 회담… '장소는 중국 희망 고려'[15]
- 김정은, 중공군 열사능 참배… 중국 6.25참전 70주년[16]
- 시진핑 '총서기', 김정은 '총비서'에 축전[17]

평화와 안정담론에서 한국은 '국제정세 특히 한반도 평화 프로세스에서의 중국의 역할을 충분히 긍정'하고 있었고 이에 '정치적 올바름'의 잣대를 적용하지 않았는데 서양언론과 가장 차별되는 부분이라 할 수 있다. 이는 한국정부가 장기간 '미일중러 중심의 4대국' 중심 외교정책을 펼쳐왔고, 4대국 간 외교균형을 통해 한반도의 안정을 유지해 온 외교전략과 연관된다고 볼 수 있다.

경제결과 담론은 경제분야의 조치, 결과, 이해관계 또는 변화에

---

11) https://www.joongang.co.kr/article/23913754
12) https://www.hani.co.kr/arti/international/international_general/976498.html
13) https://www.hani.co.kr/arti/international/china/934197.html
14) https://www.hani.co.kr/arti/economy/marketing/954877.html
15) https://www.joongang.co.kr/article/23852400
16) https://www.joongang.co.kr/article/23900657
17) https://www.hani.co.kr/arti/international/international_general/978310.html

포커스를 맞추는데 해당 기간에는 미중 무역전쟁, 글로벌 공급망 위기, 중국 쌍순환 정책, 빈곤퇴치 및 GDP 증가와 관련된 주제를 다루었다.

예시 4

- 코로나, 부채, 무역전쟁, 홍콩민주화…중국경제 4중고[18]
- 코로나19, 무역전쟁…중국 신SOC 투자로 판 뒤집기 나선다[19]
- 탄력받은 위안화, 비실대는 달러…미중 무역전쟁 숭자는 중국?[20]
- 중국, '쌍순환 진지전'으로 대전환…내수와 기술이 양 날개[21]
- 중국, 코로나19 딛고 지난해 성장률 2.3% 반등[22]

코로나 초반 한국 언론에 나타나는 중국 관련 경제결과 담론은 주로 '위기발생, 미국 경제제재, 글로벌 공급망 위기, 정책 수단을 통한 성과 취득' 등으로 서양언론에 나타난 '경제규칙 파괴, 신형 식민주의, 위기와 함정' 등과는 다른 모습을 보였다. 이는 글로벌 공급망에서의 한중 경제 관계와 밀접한 관련이 있는데 '세계공장'으로서의 중국 밸류체인에서 중간재 수출을 주로 담당해온 한국은 가장 큰 수혜국 중 하나로 글로벌 공급망 위기 조장에 따른 자국 경제충격을 감안한 결과로 보인다.

사회위기 담론은 공포 조장, 비난성 메시지, 일상위험 강조 등 정서적 편향 메시지를 통해 대중의 눈길을 끌고 공감대를 형성한다.

---

18) https://www.joongang.co.kr/article/23713449
19) https://www.joongang.co.kr/article/23856900
20) https://www.joongang.co.kr/article/23877283
21) https://www.joongang.co.kr/article/23907921
22) https://www.hani.co.kr/arti/international/china/979252.html

- 중국 코로나 격리호텔 2초만에 붕괴…71명 매몰돼 10명 사망[23]
- 중국 870만명 대졸 예정자, 40년 만에 '최악 고용' 직면[24]
- 봉지에 갇힌 천산갑…중국서 야생동물 밀매가 사라지지 않는 이유[25]
- '1998년 악몽 재현', 中 최악 홍수 어떻길래[26]
- 국내에 마약 공급한 중국인 조직 25명 검거…42억원 어치 압수[27]

예시 5에서 보다시피 해당기간 한국 언론에서는 중국의 야생동물 식용, 품질안전, 사회안전 등 이슈를 다루고 있으며, 특히 품질과 사회안전 등 부분에서 중국이 직면한 심각한 도전에 직면해 있음을 강조한다. 이를 통해 '잦은 사고와 품질 불량, 이상한 식습관' 등 낙후된 이미지를 만들어 내고 있다.

5. 토론

5.1 중국관련 기사의 담론 간 상호작용

담론 간 차이는 상호작용의 기반이 된다(田 2020). 한국언론의 중국 관련 기사는 사회적 요소 간 차이를 확장하여 담론 간 상호작용을 형성하고 이로써 동적인 중국 이미지를 구축하려 시도하였다.

첫째, 주제에 대한 담론 간 상호 연관성을 강조하여 '강력하고 공

---

23) https://www.joongang.co.kr/article/23724737
24) https://www.hani.co.kr/arti/international/china/944948.html
25) https://www.joongang.co.kr/article/23778390
26) https://www.joongang.co.kr/article/23826373
27) https://www.hani.co.kr/arti/area/capital/968663.html

격적'인 중국 이미지를 부각하였는데 예를 들어 갈등담론과 평화안정 담론 모두 국제질서라는 큰 틀 안에서 상호작용을 하는 것 등이다. 한국 언론에서는 거시적으로 미국 주도의 기존 국제질서를 강조하는 한편 동아시아 관련 이슈에서는 중국의 긍정적 역할을 충분히 강조하고 있다. 이렇게 상호 연결된 담론 간 상호작용을 통해 '중국은 미국 및 기타 주요 국가와 대립'하면서도 '한반도 평화 프로세스에서 중요한 역할을 하고 있다'는 담론을 구성했고 이를 통해 강력하고 공세적인 중국의 양면성 이미지를 구축한 것이다.

둘째, 담론 간 2차 맥락화를 통해 강력한 중국이미지를 구축하였다. 2차 맥락화는 동적인 과정인데 한국언론의 중국 관련 기사는 책임담론의 '팬데믹' 관련 텍스트를 경제결과 담론에 삽입하여 팬데믹으로 인한 다양한 경제이슈의 발생과 해결을 대조적으로 보여주었으며 '초창기에 제어가 불가능할 것처럼 보였던 코로나 바이러스를 짧은 기간 내에 성공적으로 대응하여 경제사회가 정상화되었다'는 강력한 정부 이미지를 구축하였다.

셋째, 담론 간 상호작용을 통해 '공격적이면서도 낙후된' 중국 이미지를 구축하였다. 한국언론은 사회위기 담론과 갈등 담론에서 '전쟁, 도발, 악몽, 왜곡' 등과 같은 정서적 색채가 짙은 단어를 사용하여 중국사회의 거버넌스 문제점을 노출시키고 '문화적 위협과 약탈' 분위기를 조성하였으며 '공격적이면서도 낙후된' 중국이미지가 해당 담론영역을 차지하도록 했다(Wodak 2011).

한마디로, 한국언론은 담론간 상호작용을 통해 '강력하면서도 공격적이고, 한편으로 낙후된' 중국 이미지를 구축하였다. 한국언론은 중국의 정치적, 경제적 역할을 긍정적으로 평가하는 한편, 부상 중인 주변 대국이 자국 전통문화에 대한 위협을 충분히 드러내고 있는 것이다.

5.2 한국언론의 중국이미지 구축 논리

언론의 담론사용은 사회적 맥락에서 발생하며, 그 배후에는 이데올로기와 권력구조가 자리하고, 이를 통해 사회적 현실이 구축된다 (Gee 2003). 한국은 장기간 서양 민주주의 제도를 추진해 왔지만, 한편으로 유교사상과 전통이 일상생활에 깊이 뿌리내려 있는 나라이기도 하다. 때문에 동서양 사이에 위치한 한국이 구축한 중국 이미지는 서양언론이 만들어낸 '추악한' 중국과는 큰 차이가 있었다. 한국언론의 중국 이미지 담론 구축의 논리는 다음과 같이 설명될 수 있다.

첫째는 국가이익 차원의 담론 구축이다. 한국정부가 장기간 유지해 온 '안미경중 전략(안보는 미국에, 경제는 중국에 의존)'(Lee 2021)은 중국 이미지 구축의 논리적 기반이다. '안보는 미국을' 따라가기 때문에 한국 언론은 미중 갈등 및 중국 내외부 갈등에 대량의 갈등 담론을 사용하였다. 한편, 한반도 비핵화, 한반도 평화 또는 한중 양국의 정치적 상호작용과 같이 한국 국가이익과 직접 관련된 분야에서, 한국언론은 중국을 '평화적 추진자'로 긍정적 이미지를 만들어냈고 한반도 평화프로세스를 위해 필수적인 '강대국' 이미지를 구축했다.

'경제는 중국에 의존'해야 하기 때문에 한국언론은 경제결과 담론을 통해 '강력한 경제력을 가진 대국' 이미지를 만들어 냈다. 이는 한중 교역관계가 지속되어 글로벌 공급망의 지속 정상을 바라는 한국언론의 바램으로 이해될 수 있다. 따라서, 국가 이익 최대화 구현은 '중국 강대국론'을 펼치는 한국언론의 주요 논리라 할 수 있다.

둘째는 민족주의 맥락에서의 담론 구성이다. '정치적 경제적 분야에서 미국과 대립할 수 있는 유일한 강대국인 중국' 이미지는 오랜 기간 '소중화' 사상을 고수했고 자국 문화에 대한 자부심과 민족적 의식이 강한 한국에서 문화 관련 우려와 의심을 자아내게 했다. 한국 언론은 '사회적 거버넌스가 뒤떨어진 중국'이라는 담론을 통해 '낙후국' 이미지를 구축했고 한국의 우월감을 강조함과 아울러 '주변국 전통문화를 호시탐탐 노리는' 공세적 이미지를 구축하였는데, 이는 동일 문화권에 위치한 한국이 주변 강국의 부상과 위협을 인식하고 있음을 투영해 주는 부분이다.

Van Dijk(2012)의 맥락모델을 적용하면, 한국언론이 '공세적이고 낙후된' 중국의 부정적 이미지를 만들어 내는 것은 서양 민주주의 이데올로기의 영향보다는 중국이라는 주변대국의 부상과 더불어 발생하는 위협으로 인식할 수 있다. 담론 주체로서의 한국언론이 구축한 중국 이미지는 그 과정 속에서 중국에 대한 지속적인 인식악화에 영향을 미치고 있었던 것이다.

6. 결론

한국 언론이 구축한 중국 이미지는 Lee(2006)의 '단순한 세계시장'에서 Kim(2014)의 '부상 중인 대국' 향상되었다가 본고에서 밝혔듯 최근에는 '강국' 이미지에 이르렀다. 이는 한국언론이 구축한 중국 이미지가 정해져 있지 않고 동적으로 변화하고 있음을 보여준다. 하지만 한국언론이 만들어낸 '공세적이고 낙후된' 중국 이미지는 중국이 만들고자 하는 '책임있는 대국' 이미지와는 거리가 먼데 이는 담론과 사회 현실 간의 역동적인 관계를 반영하는 부분이기도 하다.

Ⅳ.

이데올로기 담론으로 본 언어정책

    중국공산당은 과거 백년간 역사를 거울삼아 현실을 진단하면서 이데올로기 담론의 방향을 찾았으며 이론구축, 혁명실천과 현대화 추진과정에서 다양한 이데올로기 담론을 펼쳐왔다. 본고는 중국공산당 이데올로기 담론의 변천을 네 단계로 나누어 살펴보고 이를 기반으로 신시대 중국공산당의 이데올로기 담론, 특히 20차 당대회의 이데올로기 핵심담론인 중국식 현대화를 분석하고 현대화 담론이 직면한 도전을 짚어보고자 한다.

1. 중국공산당 이데올로기 담론의 변천

    창당 이후 백년간 중국공산당은 시대적 상황에 따라 혁명담론, 사회주의 건설담론, 개혁담론과 거버넌스담론 등 다양한 이데올로기 담론을 생산하고 전파해 왔다.

    창딩에서 신중국 건국 전까지 중국공산당 이데올로기 담론 키워드는 '혁명'이었다. 중국공산당은 창당 이후 '혁명구국'을 중심으로

'봉건주의, 제국주의, 관료자본주의, 사회주의, 공산주의' 등 담론체계를 구축했고 마르크스주의의 주도적 위상을 확립함과 아울러 국민당과 치열한 담론권 투쟁을 이어갔다. 1차 당대회에서 '혁명군대는 반드시 무산계급과 함께 자본가계급 정권을 전복하고 사회적 계급구분이 해제될 때까지 노동자계급을 지원해야 한다'고 명시하여 '노동자계급 지원, 계급구분 해제' 등 담론을 통해 사회주의와 공산주의 실현이 당의 최고 혁명이상임을 강조했다. 2차 당대회에서는 '진정한 통일민족주의 국가와 국내평화의 실현은 군벌과 국제제국주의를 전복하지 않는 한 영원히 성공할 수 없다'라고 제시하여 당시 중국이 처해있던 반식민지 반봉건 사회에서 중국공산당만이 혁명을 주도하여 국가독립과 통일을 실현할 수 있음을 강조했다. 4차 당대회에서는 '무산계급 영도권'을 언급하여 당의 이데올로기 장악 및 담론권 구축의 중요성을 강조하였다. 한마디로 1920년대 국공 양측 이데올로기 담론의 핵심키워드는 '혁명'으로, 주요 판단기준은 '반제국주의' 여부와 정당이 추구하는 '주의'의 차이였다. 토지혁명 시기 중국공산당은 '토지혁명, 근거지 건설, 무장을 통한 정권탈환' 등 혁명담론을 펼쳤고, 1936년 마오쩌둥은 '공산당의 절대적 영도권은 혁명전쟁을 끝까지 추진하는 가장 중요한 전제'라고 언급하면서 '절대적 영도권' 담론을 내세워 중국공산당의 영도권과 주도권 확보 필요성을 강조했다. 항일전쟁 시기 '연장항일(联蒋抗日, 장제스와 연합하여 항일)' 담론은 항일전쟁 승리에 긍정적인 영향을 미쳤고 해방전쟁(2차 국공내전) 시기에는 '장제스 타도, 전 중국 해방' 등 혁명담론을 통해 승리를 이끌었다.

건국 이후부터 개혁개방 전까지 중국공산당 이데올로기 담론은 사회주의 혁명과 건설을 중심으로 전개되었다. 건국 초기 중국공산당은 이론학습, 정풍운동과 봉건사상 비판 등을 통해 사회주의 혁명담론을 강화했다. 1951년 2월, 중국공산당 중앙위에서 '이론교육 강화를 위한 결정'을 발표했고 이론교육이 '정치상식 학습, 이론상식 학습, 이론저서 학습' 등 세 부분으로 나뉘어 진행되면서 이데올로기 담론에서의 마르크스주의 지도적 위상이 부각되었다. 마르크스주의 담론은 '세가지 반대운동(三反运动, 횡령, 낭비와 관료주의 반대운동)과 정당운동을 통해 공산당원 전체로 확대되었고, 중국공산당은 토지개혁운동, 문맹퇴치운동, 신 혼인법 등을 통해 경제, 문화와 생활 등 영역에서 봉건주의를 걷어내고 국가발전에 걸맞는 사회주의 혁명 담론권을 구축하는데 성공했다. 1956년 사회주의제도가 확립되면서 중국공산당은 사회주의건설을 주제로 이데올로기 담론을 펼치기 시작했다. 8차 당대회에서 '사회주의건설 심층 강화'를 제시했고, 마오쩌둥의 '쌍백방침(双百方针, 문예와 과학발전을 위한 방침)'과 '세개의 세계 획분' 등 담론은 자본주의 이데올로기를 비판하고 사회주의 가치관을 강화하며 사회 공감대를 이루는 데 긍정적 역할을 했다. 하지만 문화대혁명 시기에는 계급투쟁이 이데올로기 담론으로 부상하면서 사회주의 건설 담론의 주제와 방향에서 벗어나기도 했다.

개혁개방 노선을 채택한 1978년부터 2012년까지는 개혁담론이 주를 이루는 시기였다. 혁명남론에서 개혁담론으로 전환하기까지는 정치적 발전, 사상투쟁과 관념의 변화를 겪는 과정이 동반되었다. 11차 3중전회에서 경제건설을 중심으로 하는 결정이 내려졌고 '경제건설, 개혁개방, 실천은 진리를 검증하는 유일한 기준' 등이 중국공산당 이데올로기 담론의 중심이 되었다. 13차 당대회에서는 '반드시 전면 개혁을 견지하고 사회주의는 개혁 속에서 전진하는 사회여야 한다'고 제시하면서 '전면개혁' 등 담론으로 개혁실천과 노선혁신에 이념적 보장을 제공하였다. 덩샤오핑은 '사회주의 본질, 3가지 유리한 것(사회주의 생산성, 사회주의 종합국력, 국민 생활수준 향상에 유리한 것), 사회주의 시장경제' 등 담론을 통해 '사회주의냐 자본주의냐'에 대한 국민들의 우려를 잠식시켰으며 경제개혁에 대한 공감대를 형성하였다. 16차 당대회의 '3개 대표 사상(중국공산당이 자본가, 지식인, 노동자와 농민의 근본이익을 대표함)'과 17차 당대회의 '과학적 발전관'은 '조화로운 성장, 지속가능한 성장, 조율성장' 등 담론을 이끌어내 개혁실천에 긍정적인 영향을 미쳤다. 다른 한편으로 덩샤오핑이 자산계급 자유화 사조에 대한 반대입장 및 4가지 기본원칙(四項基本原則, 마르크스-레닌주의 및 마오쩌둥 사상, 사회주의 노선, 인민민주독재, 공산당 영도 견지) 등 담론을 펼치면서 마르크스주의가 이데올로기 담론에서의 주도적 지위도 계속 강화되었다.

18차 3중전회에서 중국공산당은 '국가 거버넌스 체계와 거버넌스 능력의 현대화 추진'을 제시하면서 이데올로기 담론을 거버넌스 차원으로 향상했고 '제도적 우위로 인한 거버넌스 효율, 농촌 거버넌스의 현대화, 공건공치공향(共建共治共享)의 사회 거버넌스제도' 등 담론체계를 구축했다. 가치이념적 차원에서는 '중국몽, 인민을 중심으로' 등을 내세워 정치적 입장과 가치지향을 강화했고, 실천차원에서는 '경제, 정치, 문화, 사회, 생태계의 5위1체(五位一体)', '4개의 전면(四个全面, 샤오캉 사회건설, 개혁심화, 의법치국, 엄격한 당관리)', '4개의 위대함(四个伟大, 위대한 투쟁, 공정, 사업, 꿈)', '새로운 두 단계 발전전략(新两步走战略)' 등 담론을 제시하여 국가거버넌스의 실천루트를 제시하였다.

2. 중국공산당 20차 당대회 이데올로기 담론: 중국식 현대화

중국공산당의 현대화 관련 담론은 1957년 마오쩌둥이 제시한 '현대산업, 현대농업과 현대 과학문화를 갖춘 사회주의국가 건설'을 계기로 1963년 저우언라이가 '산업, 농업, 국방 및 과학기술 등 4가지 현대화'를 언급하면서 현대화가 사회주의이념과 가치를 실현하는 중국의 길임을 명시하였다. 개혁개방 시기에는 덩샤오핑이 '중국이 추진하는 현대화는 자본주의가 아닌 사회주의가 기반'이라고 하면서 '샤오캉사회'와 같은 현대화 관련 이데올로기 담론이 형성되었다.

20차 당대회의 핵심담론인 '중국식 현대화'는 중국공산당이 인민을 이끌고 자주적 탐색을 통해 얻어낸 사회주의 현대화 모델로 해석된다. '중국공산당이 사회혁명을 영도하고 추진함과 아울러 현대화 건설을 위한 물질적, 사상적, 제도적 기반을 마련했다'라는 주장은 '혁명당, 영도당, 집권당'의 3중 정체성을 한몸에 담은 중국공산당의 '능력'에 의해 중국식 현대화가 실현된다는 이데올로기적 함의를 담고 있다.

중국식 현대화는 사상 유례없는 방대한 인구를 이끌고 추진되는 현대화, 공동부유의 현대화, 물질문명과 정신문명이 동반성장하는 현대화, 인간과 자연이 화해롭게 공생하는 현대화, 평화발전을 추구하는 현대화를 뜻한다. 이는 자산계급의 이익최대화를 추구하는 자본주의 가치이념, 잉여가치 생산 및 수익증대를 쫓는 자본주의 이성, 대외침략 및 패권주의를 통해 실현된 자본주의 현대화와는 구분되는 현대화의 새로운 옵션으로 정의된다. 한마디로 '중국식 현대화'는 국제사회의 이데올로기 대립과 갈등이 날로 심화되고, 국제담론장에서의 의제설정 능력이 제한된 상황에서 서양 자본주의의 담론 패권에 도전장을 내밀어 자본논리의 서양가치를 비판해야만 당의 이데올로기 담론권을 확보할 수 있는 상황에서 제시된 것이다.

3. '중국식 현대화' 담론이 직면한 도전 및 제언

중국공산당의 영도로 추진된 중국식 현대화가 중국의 부상이라는 큰 성과를 이루어 냈고 궁극적으로 중화민족의 위대한 부흥을 실현하는 길이라는 것은 원론적 관점에서 매우 정당하고 당연한 메시지이다. 하지만 국제담론장에서 담론권을 확보하기 위해서는 '중국식 현대화' 담론이 직면한 도전을 직시하고 담론력을 향상해야 한다.

첫째, 중국식 현대화 담론을 서양 현대화 담론과의 대립구도에서 서술하는 것은 자칫 국가층위와 정치논리에 갇혀 서구와의 차이를 강조하고 이데올로기를 강화하기 위한 공격적 담론으로 비춰질 수 있다. 중국식 현대화의 형성 및 추진과정을 세계 현대화 과정에 놓고 전반 양상과 특징을 분석하여 서양 현대화와의 변증법적 관계 속에서 중국식 현대화 관련 담론을 입체적으로 서사할 필요가 있다. 서양현대화가 인류문명을 새로운 단계로 진입하게 한 사실을 인정하면서도 중국식 현대화가 서양현대화 기반에서 얻어낸 현대화의 새로운 옵션이라는 것, '인류운명공동체'라는 프레임에서 서양 현대화가 안고 있는 병폐와 문제점을 성찰하고 극복한 것임을 전파해야 한다. 한마디로 학계의 '초월론'논리를 이용하여 중국식 현대화가 서양현대화를 초월한 방안이라는 담론을 지속적으로 생산하고 축적해야 한다.

둘째, 서양의 현대화 담론 패권이 완전히 해제되지 않고 중국식 현대화의 성공 실천 및 이론이 담론전파 차원에서 한계를 안고 있는 상황에서 중국식 현대화 담론의 대내외 서사를 구분할 필요가 있다. 국내에서는 대중담론을 이용하여 중국식 현대화의 실질적 우위를 홍보하고 국제적으로는 외국인들의 관점과 인식을 변화하기 위해 이데올로기적 담론을 인류 '보편적' 담론으로 바꾸어야 한다. 중국식 현대화는 중국공산당이 영도하는 현대화이기 때문에 이데올로기적 속성을 띨 수 밖에 없다. 하지만 중국식 현대화가 중국의 문제뿐 아니라 세계가 직면한 도전도 해결가능하다는 담론을 제시해야만 복제가능한 현대화 옵션으로 자리매김할 수 있다. 예를 들면 공동부유 실천경험을 기반으로 세계 빈곤퇴치에 기여하고, 자연과 인간의 화해로운 공생 관련 방안으로 글로벌 환경 거버넌스에 중국의 경험을 보태는 것 등이다. 성치, 경제, 문화, 사회, 생태 및 국가 거버넌스 등 영역의 현대화 담론을 국제담론장에 놓고 다양한 문명담론과 교류해야만 중국식 현대화 담론체계의 보편성을 구축할 수 있다.

셋째, 이데올로기 담론은 서사를 넘어 과학적일 필요가 있다. 강한 정치적 메시지를 담고 있는 중국식 현대화라는 이데올로기 담론을 학술명제로 전환하여 중국식 현대화의 역사문화적 기반, 이론기초, 실천 특징, 성공경험, 독창적 우위, 세계 보편적 의미 등 학리적 해석을 제공해야만 '중국식 현대화' 담론에 대한 보편적 접근이 가능해질 것이다.

제3부

미시적 언어정책 연구

I.

가정 언어정책 연구

20세기 중반 서방에서 시작된 언어정책 연구는 초창기에 거시적 환경에 주목해 왔다. 거시적 언어정책 데이터 수집의 용이성과 연구의 가시적 영향력 때문일 것으로 분석된다. 하지만 1990년대 이후 언어정책 연구는 새로운 단계에 접어들면서 전성기를 맞이하게 되었다. Spolsky(2009)는 언어관리가 가정, 종교, 직장, 공공장소, 학교, 입법과 건강, 군부대, 지방과 중앙정부, 언어권리 조직, 다국적 기구 등 10개 영역에서 발생한다고 주장했다. 학계에서는 국가나 정부행위에 의해 추진되는 언어정책 연구의 영향력이 충분치 않다는 점을 인식하기 시작했으며, 점차 거시적 서사를 돌파하고 보텀업 차원의 언어정책을 주목하게 되었다. 미시적 차원에서의 언어정책에서 가정 내 언어실천과 관리는 가장 구체적인 적용영역으로 최근 다양한 연구물들이 발표되고 있다.

1. 가정언어정책이 언어정책 연구에서의 위상

가정언어정책은 '가정 내 구성원 간의 언어 관련 명확하고 공개적인 계획, 관리와 언어협상을 복합적으로 연구분석'하는데 초점을 맞추고 있다(King et al., 2008: 907). 가정언어정책이라는 용어가 중국어 또는 한국어 사용환경에서 쉽게 이용되지 않는 이유는 '정책'이라는 단어와 Policy에 대한 인식과 이해의 차이에서 비롯된다(李英姿, 2016).

지금까지의 언어정책 연구는 주로 공식적으로 발표된 정책분야에 집중되어 왔다. 하지만 공식정책 외에도 비공식적이고 암묵적인 정책적 효과가 언어실천에 더 큰 영향을 미치고 언어사용을 구성하고 제어할 수 있음은 부인할 수 없을 것이다(Haas, 1992). 비공식적 차원의 언어정책이 톱다운 방식의 공식 언어정책보다 더 강력하고 목표지향적임은 이미 많은 선행연구에서 밝혀졌다(Spolsky, 2004: 8).

Spolsky(2004: 39)는 권위적 기관에서 발표 또는 제정하지 않는 비공식적 언어정책 분명히 존재하고 이러한 암묵적인 언어정책이 더 지속적이고 효과적이라고 밝힌 바 있다. Canagaraja(2008:170)는 가정은 독립적이고 자급자족하는 유닛이 아니기 때문에 가정언어정책 연구는 사회, 경제 등 다양한 차원의 압력을 고려해야 하며, 언어태도, 입장, 신념 등을 포함한 언어적 이데올로기의 영향도 고려해야 한다고 지적한다(Schifftman, 1996). 언어적 이데올로기와 언어적 신념은 가정언어정책 그 배후에 깔린 원동력으로 비공식적 언어정책에 영향을 미치지만 이러한 이데올로기나 신념이 반드시 실천으로 전환되는 것은 아니다(Gibbons & Ramirez, 2004). 따라서 톱다운 방식의 거시적이고 공식적인 언어정책 대비 가정영역의 암묵적 언어정책을 연구하여 명시적 언어정책과 암묵적 언어정책의 관계 등을 깊이 살펴볼 수 있고, 이를 통해 언어사용 또는 변화의 원인과 과정을 이해할 수 있으며, 더 구체적이고 미시적인 차원에서 언어정책 연구에 일조할 수 있다.

2. 가정언어정책의 이론적 틀과 연구내용

2.1 이론적 틀

Spolsky는 언어정책 관련 이론을 바탕으로 언어정책의 세 가지 구성 요소를 언어적 이데올로기, 언어실천과 언어관리라고 주장했다. 언어적 이데올로기는 '언어 및 언어사용에 대한 신념'이며(Spolsky, 2004: 5), 언어 실천은 예측 가능한 일상적 언어행위로, 전자는 사람들이 어떻게 해야 한다고 생각하는 것, 후자는 사람들이 실제로 어떻게 행동하는지를 나타낸다(Spolsky, 2004: 14). 언어관리는 '개인 또는 조직이 일정 범위 내에서 언어실천이나 언어신념을 형성하기 위해 취하는 명확하고 관찰 가능한 노력'을 의미한다(Spolsky, 2009: 4). 언어적 이데올로기는 언어실천에서 구현되고 언어실천에 영향을 미치며, 언어관리는 언어적 이데올로기에 영향을 미치고, 언어실천은 언어환경과 언어관리에서 도구역할을 하고 언어관리의 목표가 되기도 한다. Spolsky가 주장한 3가지 구성요소 프레임웍은 가정언어정책에 대한 이해를 확장하고 해당 연구에 대한 강력한 해석적 틀을 제공하며(King et al., 2008), 가정언어정책 연구의 발전을 촉진했다. 가정언어정책 분야에서는 부모나 다른 양육자가 언어를 어떻게 인식하는지가 언어적 이데올로기에 속하며, 부모와 자녀가 일상 생활에서 어떤 언어로 소통하는지가 언어실천, 어떤 조치를 취하여 특정 언어를 유지, 전승 또는 포기하는지가 언어관리에 속한다.

2.2 연구내용

가정언어정책 연구는 비록 오랜 역사를 갖고 있지는 않지만 글로벌화와 다언어 공존이라는 현실적 맥락에서 다양한 차원의 연구가 가능하다. 거시적 언어정책 연구와 마찬가지로 가정언어정책은 부모가 서로 다른 언어를 사용하거나, 가정 내 모국어와 지역어가 일치하지 않거나, 자녀가 외국어, 전승어 또는 타언어를 습득하기를 바라는 등 복잡한 가정언어 현실을 분석한다. 가정언어정책 연구 초반의 영향력 있는 연구물로 Hornberger(1988)을 꼽을 수 있다. 페루 푸노 지역에서 Hornberger(1988)는 언어정책이 학교, 가정, 지역사회 언어사용에 미치는 영향을 조사했다. Hornberger는 공식적 언어정책과 지역어 실천 간 관계를 조사하고 언어전승이 계획 하에 실현될 수 있는지 여부를 파악하려 했다. 가정과 학교의 언어적 이데올로기와 실천을 정부정책 시각에서 살펴본 Homberger의 연구는 현지 상황에 대한 이해와 현실적 지원의 부족은 결국 톱다운 방식의 공식적 언어정책의 실패로 이어짐을 보여주었다. 가정언어정책 연구 초반에는 주로 언어전승의 중요성을 강조하면서 부모의 담론, 서구 중산층 가정 아동이 처한 언어환경 등을 연구하는 데 초점을 두었으며, 대부분 가정환경과 실험실 환경에서 양육자와 어린이 간 상호 작용을 분석하였다(King et al., 2008). 연구는 대부분 모국어 습득에 집중되었으며, 제2언어와 이중언어 습득 등 상황에는 큰 관심을 보이지 않았다(Romaine, 1999).

자녀의 언어습득에 대한 부모의 목표, 태도 또는 의도를 조사하는 것은 가정언어정책 연구의 가장 중요한 부분이다. King et al. (2008)은 부모의 언어적 이데올로기가 자녀 양육과 관련된 더 넓은 범위의 사회적 태도와 의식을 반영한다고 지적하면서 언어정책과 자녀의 언어습득 프레임워 시각에서 연구할 수 있는 최적의 영역이 가정언어정책이라고도 했다(King et al., 2008). 가정언어정책은 이데올로기, 가치, 신념, 태도, 편견, 종교적 관념 등 언어문화와 관련된 다양한 이슈와 관련이 있는데(Schiffman, 2006: 112) 기존의 가정언어정책 연구는 가정의 내외부 요소가 언어적 이데올로기, 언어실천 및 언어관리에 어떻게 영향을 미치는지를 주로 탐구해 왔다. 예를 들어, Curdt-Christiansen(2009)은 캐나다 퀘벡주 중국인 이민가정의 언어적 이데올로기를 심층 분석하여 사회정치적, 경제적 요소가 가정언어정책에 강하게 영향을 미치며, 부모의 교육배경, 이민경험 및 문화배경 등도 자녀의 언어선택과 언어교육에 영향을 미칠 수 있다고 지적했다. Fogle(2013)은 러시아 아동을 입양한 미국가정을 연구하여, 정서적 귀속감과 현실교육 간 균형 차원에서 러시아어와 영어에 대한 이데올로기와 언어선택이 어떻게 작동하는지 조사했다. Seloni & Sarfati(2013)는 19세기 이후 공식적 언어정책과 프랑스어 학교 운영 등 거시적 환경 속에서 위기를 겪고 있는 라디노어(유대 스페인어)가 터키에 거주하고 있는 유대인 가정 내부에서 어떻게 유지되고 있는지를 연구했다.

李国芳 & 孙茁(2017)은 캐나다에 거주하는 화교가정을 대상으로 반구조적 인터뷰와 관찰을 진행하여 중국어, 영어, 중영 이중언어 등 다양한 가정언어정책 유형을 개괄했다. 해당 연구는 Spolsky의 이론적 틀을 바탕으로 부모의 언어적 이데올로기를 고찰했는데, 위기언어 보호 및 유지, 이중언어 교육, 전승어, 외국어 교육 등의 문제를 다루었으며, 공식적 언어정책과 가정 내 언어 사용 간 갈등과 그 배후의 원인도 밝히고자 했다. 자녀가 어떤 언어를 습득해야 하는지, 언어별 가치는 왜 차이가 발생하는지, 다양한 가정환경이 자녀의 이중언어 능력에 어떤 역할을 미치는지 등 문제는 향후 심층분석이 필요한 영역이다. 가정언어정책 연구의 복잡성 때문에 관련 연구는 가정에만 국한되지 않고 가정과 관련된 교실, 학교, 지역사회 등의 언어사용 상황도 고려해야 한다. 李国芳 & 孙茁(2017)은 연구대상이 속한 지역사회와 학교의 차이가 가정언어정책에 미치는 영향이 다르다는 점에 주목했다.

3. 가정언어정책의 연구방법

3.1 민족지학 방법

민족지학 방법(Ethnography)은 질적연구의 대표적 패러다임 중 하나이며(刘熠 2015), 정성연구라고도 한다. Ethnography라는 단어는 그리스어 ethnos(사람)와 grapho(쓰다)에서 유래했으므로 그 뜻은 문자 그대로 '사람에 대한 글쓰기'이다. 민족지학은 인종지학으로도 번역되기도 하는데 20세기 초 인류학자들이 특정 문화를 인사이더 관점에서 이해하기 위해 연구를 시작한 것에서 비롯되었다. 언어학의 담론분석과 사회학의 대화분석도 민족지학 방법에 중요한 보완 역할을 했다. Wolcot(2008)은 민족지학 방법을 장기간의 현장조사를 기반으로 하는 일종의 '들여다 보는 방식'이라고 지적하며, 그 핵심원칙은 연구자가 냉정한 연구자일 뿐 아니라 장기간 필드에 직접 참여하는 학습자이며 인간경험의 해석자로 존재하는 것이라고 했다. 1960-70년대부터 민족지학 방법은 서구 인문사회과학 연구분야에 널리 적용되기 시작했다.

커뮤니케이션 민족지학의 창시자인 Hymes(1980)는 민족지학 방법이 연구자의 존재방식이라고도 강조한다. 이 방법은 환경에 대한 강한 의존성을 갖고 있는데 소위 환경은 거시적 사회환경 뿐 아니라 구체적인 언어환경도 포함된다. 그는 현장기록, 인터뷰, 문서 등 세 가지 차원에서 상호 검증 가능한 삼각 데이터베이스를 구축하여 연구의 깊이, 폭, 신뢰도를 향상하고 신층기술의 목표를 달성할 수 있다고 주장한다. 그 첫째 방식은 현장기록인데 이는 민족지학 방법의 핵심이자 열쇠이다. 훌륭한 현장기록은 연구자의 강한 자아성찰 능력을 필요로 하는데 연구자 개인의 가설, 판단을 반영할 수 있어야 한다. 연구자는 피드백을 통해 성찰능력을 향상할 수 있는데, 이를 연구자 코멘트라 하며, 연구자의 느낌, 반응, 직관, 초기 해석, 추론, 예측 등을 포함한다(Merriam, 2009: 131). 현장 기록은 급기록이 대부분이어서 키워드나 단문으로 인상을 기록하는 경우가 많다(Emerson et al., 2011: 29). 현장관찰 이후에는 가능한 빨리 현장기록을 디테일한 보고서로 작성해야 한다. 두번째 방식은 인터뷰로, 비공식적인 대화기록을 포함하며, 사전에 치밀하게 계획되지 않은 인터뷰는 이후 인터뷰의 질문을 구상하는 데 사용할 수 있다. 인터뷰는 미리 준비된 정해진 구조적 질문일 수도 있지만 대부분은 일대일로 진행되는 반구조적 인터뷰 또는 소그룹 인터뷰(Merriam, 2009: 89)로 진행된다. 인터뷰 방식은 연구문제, 목표, 환경 등 요인에 따라 다르게 선택할 수 있는데 인터뷰 데이터에는 현장기록, 녹음, 녹화 및 전사 등이 포함된다. 전사 기록은 필요한 경우 번역해야 한다. 세번째 방식은 문서 검증으로, 문서 기록과 문서데이터 수집 등을 포함한다. 예를 들어 학교 언어정책 연구에서는 학교약관, 교육목표, 커리큘럼, 교수요목, 학생숙제, 인구통계 기록 등 문서를 수집해야 한다. 문서 텍스트 관련 데이터는 언어정책 연구에 매우 중요하다.

관찰 방식의 하나로 꼽히는 민족지학은 문화 해석적 지향성을 갖고 있는데 사람들이 사회적 실천을 통해 의미구성(mean-making)을 한다고 주장한다(Walcot, 2008:72). 사람들은 언어정책이 이성적이고 실용적이며 객관적이지 않고 이데올로기 이슈와 관련되며 언어태도 및 언어 충성도와도 관련이 있음을 깨닫게 되었다. 사람들의 언어수요와 언어태도는 일치할 수도 있고 모순으로 가득 찰 수도 있으며, 정책실행 과정도 각각 달라 정책실행의 효과도 예측하거나 관리하기 어렵다. 언어정책의 예측 또는 관리의 핵심이 바로 여기에 있다. 민족지학 방법은 일상생활, 기관 및 언론영역 연구에 적합하다. 전통적으로 민족지학 방법은 여행, 체험, 상호작용 등에 의존하여 데이터를 수집했다. 가정언어정책 연구에서의 민족지학 방법은 가정언어정책을 특정 환경에서의 사회화 과정으로 간주하며 실천, 이데올로기, 태도 등을 언어선택에 영향을 미치는 매커니즘으로 간주한다(McCarty, 2011:xii). 그 과정은 선언, 규칙, 법률 등 공식정책과 함께 수반되기도 하는데, 이런 경우는 상대적으로 연구하기 용이하다. Spolsky의 3가지 구성요소 프레임워은 가정 내 '언어선택에 영향을 미치는 힘'을 인정한다(Spolsky, 2009:5). 민족지학 방법은 이러한 힘이 작용하는 과정 또는 매커니즘을 설명하고 이해하고자 하며, 그 배후의 권력 또는 파워를 이해하려고 한다. Hornberger는 민족지학 연구 과정을 양파를 벗기는 과정에 비유하며, 민족지학적 양파를 벗겨야(Hornberger & Johnson, 2007) 계층별 세부사항과 각 부분이 전체 유기체에서 차지하는 위치를 이해할 수 있다고 주장한다. 가정언어정책 연구는 독특한 특성때문에 연구수단과 방법에 제약을 받는데, 그 중에서도 은닉된 언어정책은 더욱 발견하기 어렵다. 민족지학 방법은 가정 내부를 깊이 파고들어 세미한 근거리 관찰과 연구를 통해 가정이라는 미시적 영역 내 공식 언어정책과 언어선택 및 언어실천 간 일치성 또는 불일치성을 깊이 있게 연구함으로써 언어정책 연구의 미시적 및 거시적 결합을 실현할 수 있다. 민족지학 방법은 언어권리와 언어평등을 매우 중시하며, 언어 다양성을 언어자원으로 개발하고 활용하는 데 도움이 된다.

3.2 민족지학 연구의 국한성

서구의 언어정책 연구는 상승세를 보이고 있고 연구대상과 연구내용이 점점 다원화되고 있는데 그 중에서도 가정언어정책 연구가 주목을 받고 있다. 이는 언어정책 연구의 깊이와 폭을 넓히는데 기여했다는 평가를 받는다. 선행연구에서 보다시피 가정언어정책 연구는 개방적인 영역으로 '예, 아니오' 질문에 대한 절대적인 답을 찾는 과정이 아니다. 언어실천 현실에 시시비비의 단순한 판단을 내리는 것 자체가 어불성설이기 때문이다. 가정언어정책의 결론은 환경 기반에서 도출된다. 예를 들어 캐나다(Curdt-ChristianSen, 2009), 터키(Seloni & Sarfati, 2013) 등 특정 국가배경이나 환경을 감안하여 도출되므로 연구결론의 보편적 적용에는 일정한 한계가 있을 수밖에 없다. 하지만 그것이 민족지학 기반의 가정언어정책 연구가 임의적이거나 비과학적이라는 근거가 되지는 못할 것이다. 가정언어정책 연구에서 민족지학 방법은 담론분석, 인구통계학 등 기타 연구방법과 함께 사용되기 때문에 민족지학 방법을 능숙하게 활용하는건 쉬운 일이 아니며, 연구자는 다양한 실천을 바탕으로 최대한 세심하게 관찰 및 기록을 해야 하고, 강력한 논리적 분석력을 갖추어야 하는데 이는 상당한 이론적 소양과 전문성을 요하기도 한다.

4. 결론

가정언어정책이라는 새로운 연구분야는 언어학 뿐 아니라 교육학, 사회학, 인류학 등에 새로운 시각을 제시하고 다양한 인사이트를 제공하였다. 가정언어정책 연구는 언어정책 연구에 중요한 이론적 의미가 있을 뿐 아니라 문제해결을 위한 현실적 의미도 있다.

동아시아 환경에서의 언어정책 연구 역사는 오래되지 않았다. 톱다운의 명확한 거시적 언어정책은 항상 주목받아 왔지만, 사회 최소단위인 가정에 대한 관심과 연구는 여전히 부족하다. 가정은 국가와 사회의 축소판으로 언어충돌과 모순이 항상 존재한다. 가정은 가장 작은 영역을 구성하며, 언어정책 연구의 출발점이자 언어정책 시행의 가장 효과적인 장소이다(李英姿, 2015). 기존 가정언어정책 연구는 여전히 서구 중심, 또는 영어 편향성을 보이고 있어 글로벌 언어환경에서의 가정언어 사용상황을 파악하는 데 매우 편파적이고 불충분하다. 민족지학 방법이 인류학 연구 영역에서 사용되는 것 외에 커뮤니케이션학, 교육학, 심리학 등 학문에서도 이용되고 있지만 언어학분야에서는 아직 많이 사용되고 있지 않다. 따라서 연구내용이나 연구방법 차원에서 동아시아 환경에서의 가정언어정책 연구는 잠재공간이 상당히 크다고 판단된다.

Ⅱ.

소수민족 이민가정의 다언어정책

1. 서론

글로벌화는 대규모 인구이동을 유발했고 다양한 포스트모던 사회 형성에 기여했다(Vertovec, 2007). 언어적 다양성은 개개인의 언어 레퍼토리를 풍부하게 하지만, 다언어 환경에서 자녀를 양육해야 하는 이주가정에는 큰 도전을 안겨주기도 한다(Curdt-Christiansen, 2018). 가족은 '언어선택의 중요한 장소'로(Spolsky, 2012, 6), 이주, 도시화, 통합과정에서 언어유지와 언어전환의 광범위한 사회언어학적 과정을 이해하는 데 중요한 역할을 한다(Curdt-Christiansen, 2018). 때문에 대규모 인구이동으로 인한 언어전환 현상을 심층적으로 이해하기 위해서는 가정언어정책(FLP)에 대한 연구가 특히 중요한데, 이는 언어선택 및 리터러시와 관련하여 가족 구성원이 명시적 또는 암묵적으로 계획하는 언어정책을 의미한다(Curdt-Christiansen, 2009, 2018; King, Fogle, and Logan-Terry, 2008).

FLP에 대한 연구는 주로 가족이 언어관행을 관리하는 방법에 초점을 맞춰왔다. 특히 연구자들은 부모의 언어적 이데올로기가 가정 내 언어관리에 어떤 영향을 미치는지(Curdt-Christiansen, 2009, 2016; Curdt-Christiansen and Wang, 2018), 그리고 사회경제적 및 사회정치적 변화가 가정 내 언어관행에 어떤 영향을 미치는지(Curdt-Christiansen, 2013; Fogle & King, 2013)에 관심을 가져왔다. FLP 연구의 대부분은 국가간 이주과정에서 다세대 및 이민가정을 대상으로 수행되어 왔다(Canagarajah, 2013; Curdt-Christiansen, 2016; Da Costa Cabral, 2018; Hua and Wei, 2016). 하지만 일부에서는 국내 이주를 겪은 다언어 또는 다방언 가족에도 관심을 기울여야 한다고 제안한다(Curdt-Christiansen and Wang, 2018; Yang and Curdt-Christiansen, 2020). 다민족 사회에서 소수민족 가정이 민족어, 국가어, 영어를 포함한 다양한 언어에 대한 투자와 관리 역시 중요한 탐구영역이라는 것이다.

본고는 중국 상하이의 조선족 부모의 자녀 언어계획을 연구하고자 한다. 다민족 국가인 중국은 한족인구가 주를 이루고 있고 그 외에 55개의 소수민족이 거주하고 있다. 중국 정부는 푸퉁화(普通话)를 국가통용어로 지정하고 보급해 왔다. 푸퉁화 사용은 국가통합 및 사회발전과 연관되어 있으며, 민족어나 지역방언은 민족정체성과 문화적 유산과 연관되어 있다(Shen, Wang, & Gao, 2020; Zhang, 2013). 1978년 개혁개방과 더불어 영어가 교육시스템에서 주요 외국어로 자리잡게 되면서(Bolton & Graddol, 2012; Gao & Zheng, 2019) 대도시 부모들은 자녀의 더 나은 미래를 위해 영어가 실용적 가치가 있다고 믿으며 영어학습에 적극 투자하고 있다(Curdt-Christiansen & Wang, 2018; Zheng & Mei, 2020).

중국 55개 소수민족 중 하나인 조선족은 한반도와 동일한 민족어(한국어) 및 문화관습을 보유하고 있다. 조선족은 또한 높은 교육열과 뛰어난 이중언어 능력으로 다민족 국가인 중국에서 사회통합의 모범집단으로 간주되기도 한다(Zhang and Li, 2015). 대부분 조선족은 중국 동북부에 위치한 연변에 거주하고 있지만, 최근 수십 년 동안 더 나은 취업과 학업 등 기회를 찾아 베이징과 상하이 같은 국제대도시로 이주하는 조선족의 수가 증가하고 있다. 제6차 중국 인구조사에 따르면 상하이에 거주 중인 조선족 인구는 22,048명으로, 전체 소수민족 인구 중 5위(상하이 전체 인구의 1.2%)를 차지하고 있다. 한족이 주를 이루는 대도시로 이주한 조선족 가정은 민족어인 한국어를 유지해야 하는 도전에 직면해 있다. 이들의 도전과 대응을 이해하기 위해 본고는 투자 모델(Darvin and Norton, 2015)을 활용하여 다음과 같은 연구문제를 설정한다.

(1) 상하이로 이주한 조선족 부모는 자녀를 위해 어떤 언어에 투자하고 있는가?
(2) 부모의 정체성, 언어적 이데올로기, 가정 내 자본배정은 언어관리에 어떤 영향을 미치는가?

이어지는 세션에서는 먼저 이주민 가정의 언어정책 관련 문헌과 부모의 의사결정 과정에 영향을 미치는 요인에 대해 간략히 검토하고 Darvin & Norton(2015)이 제시한 투자모델을 자세히 소개한다. 다음은 조선족 부모의 재구성된 민족정체성, 언어적 이데올로기, 가정 내 자본 간 상호 작용이 가정 내 언어정책에 어떤 영향을 미치는지 결과로 제시한다.

2. 이론배경과 선행연구

2.1 이주민 가정의 언어정책

가정 내 언어관리는 주로 '언어습득과 문해력 발달을 위한 언어적 여건과 환경조성에 관한 부모의 암묵적이거나 명시적인, 잠재적이거나 의도적인 개입과 투자'를 의미한다(Curdt-Christiansen, 2012:57). 가정 내 언어관리는 리터러시 자원을 관리하고 환경을 구축하는 등 특정 언어에 투자하는 부모의 결정과 노력도 포함한다(Curdt-Christiansen, 2012; Curdt-Christiansen and La Morgia, 2018). 부모들이 타 언어에 부여하는 가치와 언어위계에 대한 부모의 신념이 언어선택의 원동력으로 밝혀지기도 했다(Curdt-Christiansen, 2009; King, Fogle, and Logan-Terry, 2008; Hua and Wei, 2016). 가족 구성원은 거시적 사회이념과 일치하거나 모순되는 언어적 이데올로기를 가질 수 있으며, 이는 상이한 언어관리로 이어질 수 있다(Curdt-Christiansen, 2016; Curdt-Christiansen and Wang, 2018).

영미권 맥락에서 수행된 한국인 이민가정에 대한 FLP 연구에 따르면, 한국인 이주민 부모는 한국어를 정체성의 표지 및 사회경제적 자본으로 강조하며 자녀가 가족 내에서 한국어를 유지할 수 있도록 의식적 노력을 기울이는 것으로 나타났다. 예를 들어, Park & Sarkar(2007)의 캐나다 한인 이민가족에 대한 연구에 따르면 부모는 자녀의 한국어 능력 향상이 한국어 정체성 유지, 다양한 경제적 기회 창출, 특히 조부모와의 의사소통을 통한 가족 유대 강화에 긍정적인 영향을 미친다고 강조하는 경향이 나타났다. Kang(2013)의 연구에서는 한국어를 정체성 표지와 사회경제적 자본으로 인식하는 것이 미국에서 태어난 자녀들이 헤리티지 언어를 습득하는 데 주요한 동기로 작용한다는 사실이 밝혀졌다. Zhu & Li(2016)는 중국에서 영국으로 이민 온 조선족 가족이 영국 내 중국 이민자 그룹 내에서도 하위 그룹인 소수민족(조선족)으로 남아있기를 원하지 않았기 때문에 조선족보다는 한국인으로서의 정체성을 유지하기로 결정했음을 보여주었다. 결과 가족들은 사회화를 위해 영어를 우선시했고 문화적 헤리티지 유지를 위해 한국어를 우선시했으며, 중국 표준어인 푸퉁화의 도구적 가치를 인지하면서도 정작 푸퉁화를 포기하는 모습을 보였다. 한마디로 민족 정체성 유지에 대한 우려는 민족어 또는 헤리티지 언어 유지에 결정적 역할을 했다는 것이다. 위의 연구결과는 부모가 자녀의 헤리티지 언어 유지와 발전에 다양한 자원을 제공하는 원동력이 민족정체성이라는 것을 발견한 FLP 선행연구와 그 맥을 같이 한다고 볼 수 있다(Curdt-Christiansen, 2009, 2013).

하지만 대부분 선행연구는 주로 영미권 맥락의 한국인 이민가정에 초점을 맞추고 있었다. 이는 본고가 연구하고자 하는 중국 내 대도시로 이주한 조선족 가정의 상황과 차이가 있을 수 있음을 시사한다. 본고는 국가 내부에서 이주과정을 겪은 가정에 대해서도 FLP 연구를 적용할 필요가 있다고 주장한다. Curdt-Christiansen & Wang(2018)은 중국 내 대도시로 이주한 중산층 부모들이 고향방언을 포기하고 자녀의 푸퉁화와 영어에 대한 투자를 선택했으며, 이러한 결정은 푸퉁화를 통합국가와 문화적 정체성 표지로, 영어를 실용적 가치를 지닌 언어로 간주하는 언어적 이데올로기에 의해 매개된다는 것을 발견했다. 대도시로 이주한 저소득층 농민공 가정에 초점을 맞춘 Yang & Curdt-Christiansen(2020)은 부모의 자존감 낮은 정체성과 자녀는 '진정한 도시 주민'이 되기를 기대하는 상상된 정체성 사이의 갈등을 보여주며 결과 부모는 자녀와 푸퉁화를 사용하고 고향 방언을 의도적으로 포기한다는 것을 발견했다.

지금까지의 선행연구는 자녀에 대한 부모의 기대와 상상 속 정체성이 가정 언어투자에 어떻게 영향을 미칠 수 있는지에 대한 복잡한 관련성을 제시했다. 최근의 연구은 문화적 또는 민족정체성 유지와 민족어 사이의 가정된 연관성에 이의를 제기하고, 이주민 가정의 언어관행과 민족어 사이의 자연스러운 유대에 의문을 제기하기도 한다. 예를 들어, Song(2010)은 미국에 이주한 한국인 가정에서 한국어를 유일한 정체성으로 자연시하는 언어적 이데올로기에 이의를 제기하고 있으며 대신 미국적 맥락에서 한국어를 시장성 있는 상품으로 간주한다는 것을 발견했다. 마찬가지로, Canagarajah(2013)는 영미권에 거주하는 스리랑카 타밀가족에 대해 연구를 통해 기타 문화적 관행이 가정 내에서 유지됨을 허용하고 있고 타밀어를 자신의 민족적 또는 문화적 정체성 유지에 필수적인 요소로 보지 않는다는 사실을 밝혔다. 이주민 부모의 상충되는 정체성이 가정 내 언어관리에 미치는 영향을 더 세밀하게 이해하기 위해 본고는 최근 FLP 연구에 적용되고 있는 투자모델(Darvin & Norton 2015)을 사용하기로 한다.

2.2 투자차원에서 본 FLP 연구

'상상된 공동체'(Anderson, 1991), '문화 자본'(Bourdieu, 1977), 그리고 '상황 학습'(Wenger, 1998) 등 컨셉을 광범위하게 차용한 Darvin & Norton(2015)의 투자모델은 언어 학습자의 정체성과 언어학습에 대한 열정 간 관계를 전반적으로 요약하고 평가한다. 정체성, 자본, 이념은 투자 과정에 기여하는 주 요인이다.

Norton(2000:5)은 정체성을 '한 개인이 세상과의 관계를 이해하는 방식, 그 관계가 시공간을 가로질러 어떻게 구축되는지, 그리고 개인이 미래에 대한 가능성을 이해하는 방식'으로 정의했다. 포스트 구조주의 전통에 맞춰 Norton(2013)은 정체성이 고정적이거나 안정적 또는 단일하지 않고, 오히려 다중적이고 변화되는 것이며 끊임없이 갈등을 겪는 장이라고 강조한다. 이러한 정체성 개념은 탈중심적이고 파편화되고 하이브리드한 '포스트모던 정체성'(Hall, 1996)과도 맥을 같이 한다.

Bourdieu(1977)의 문화자본 개념을 차용하면서 Norton(2000:17)은 '학습자가 제2언어에 투자하는 것은 더 넓은 범위의 상징적, 물질적 자원을 획득하여 결과적으로 자신의 문화자본 가치가 증대

될 것이라는 이해를 바탕으로 이루어진다'고 지적한다. Norton(2000)에 따르면 개인이 목표언어에 투자하는 것은 시공간을 통해 지속적으로 변화하는 사회적 정체성에 대한 투자이기도 하다. Darvin & Norton(2015:44)은 자본을 '다양한 분야 또는 갈등의 현장에서 지속적으로 협상되는' 것이라 정의하면서 자본의 유동성과 역동성을 강조한다. 비슷한 맥락에서 FLP 연구에서의 가족자본은 물리자본, 인적자본(부모의 교육배경), 사회자본(Coleman, 1988; Lee, 2007) 등을 의미하며, '가정 내 리터러시 환경'은 문화적 관행(문화전통과 의식 등, Schwartz, 2010)과 리터러시 자원(책, 교육용 게임, 놀이자료, 도서관 이용 등, Edwards, 2007)으로 구성된다. Lee(2007)는 가족자본과 이주민 자녀의 제2언어 학습에 대한 투자 간의 관계를 분석했다. 투자개념을 명시적으로 언급하지는 않았지만, Curdt-Christiansen(2012)은 가족 환경과 부모의 서포트가 어떻게 아동의 리터러시 능력 발달을 촉진하는지 조사했다.

이데올로기는 '사회를 조직하고 안정시킴과 아울러 포용과 배제의 방식을 결정하고, 아이디어, 사람, 다양한 관계의 특권화와 주변화를 결정하는 지배적인 사고방식'을 의미한다(Darvin & Norton 2015: 44). 이데올로기는 특정 언어와 관련된 역사적 역할, 경제적 가치, 정치적 권력, 사회적 기능을 반영하는 사회구조로 간주된다(Blommaert, 2006; Curdt-Christiansen, 2016). 가정 내에서 유지되는 언어적 이데올로기는 경제적, 정치적, 사회문화적, 언어적 요인 뿐 아니라 부모의 교육경험, 기대 등과 복잡하게 얽혀있는 것이 그 특정이다.

정체성, 자본과 이데올로기는 고립되어 존재하는 것이 아니라 역동적인 상호작용을 통해 투자과정에 기여한다. Darvin & Norton, (2015, 46-47)의 모델에 따르면 학습자는 다양한 분야에서 다중적 정체성을 수행한다. 상충되는 이데올로기와 다양한 수준의 자본에 의해 지배되는 학습자는 포지셔닝 과정을 겪게 되는데, 이는 새로운 장소의 지배적 이데올로기에 유연하게 대응하고 이전 거주지에서 형성된 정체성을 바탕으로 새로운 사회구조 속에서 자신의 위치를 점차 찾아가는 과정을 의미한다. 또한 상상된 정체성을 통해 기존 자본을 '학습기회'로 활용하여 '혜택'을 얻기 위해 언어학습에 투자하는 능동성을 발휘하기도 한다. 하지만 이러한 투자는 주류사회의 정치적, 사회적, 이념적, 제도적 통제라는 '시스템적 패턴의 통제'에 의해 제약되는 모습을 보인다. 요약하자면, 투자모델은 정체성을 다중적이고 유동적인 것으로, 자본을 다양한 맥락에서 변화하는 가치로, 이데올로기를 다층적이고 투과성이 있는 것으로 간주하며, 투자를 복잡하고 모순적이며 유동적인 상태로 다룬다(Darvin & Norton, 2015; Norton, 2013).

Da Costa Cabral(2018)은 처음으로 이 투자모델을 북아일랜드의 동티모르 이주민 가정 내 언어관리 분석에 적용하였으며, 자녀들이 새로운 장소에서 더 많은 기회를 누릴 수 있기를 바라는 부모의 기대가 자녀의 영어학습 및 사용에 대한 열정으로 이어진다는 결론을 얻었다. 비슷한 맥락에서, 본고는 조선족 부모들의 상충되는 정체성과 자녀에 대한 상상적 정체성이 자녀의 다언어 학습에 대한 투자, 다양한 유형의 가족자본 배치에 어떤 영향을 미치는지 분석하고자 한다.

3. 연구내용과 방법

본 연구는 설명적 순차적 디자인(explanatory sequential design(Creswell & Creswell, 2018)을 사용한 혼합적 방법을 사용했다. 연구의 첫 단계에서는 상하이에 거주하는 조선족 가정 30가구를 대상으로 설문조사를 진행했다. 두번째 단계에서는 자발적으로 연구에 참여한 6가구를 대상으로 심층적 반구조적 인터뷰와 가정방문을 진행했다. 본고는 양적연구를 통해 조선족 가정의 언어관리 전반에 대한 이해를 하고 질적연구를 통해 가정별 언어선택에 대한 보다 심층적인 정보를 얻으려 했다. 가정별 상황 이해를 위해 질적 데이터를 우선시했다.

3.1 연구배경과 연구대상

중국 조선족은 150여년 전 한반도에서 중국 동북지역으로 넘어온 이주민이라는 것이 정설이다. 1945년에 중국 내 조선족 인구는 200만 명 이상에 달했다는 기록도 있다(Choi, 2011). 1949년 중국이 건국되면서 동북지역의 조선족은 중국정부가 인정한 56개 민족 중 하나가 되었고, 중국 내 최대 조선족 집거지인 연변에는 조선족자치주가 설립되었다. 1978년 중국 개혁개방 이후, 특히 1992년 한중 수교 이후 중국은 한국의 최대 무역파트너가 되었으며, 한국기업들은 중국에 대한 투자를 계속 늘려 갔나. 제6차 중국 인구조사에 따르면 조선족은 중국 내 타 민족 대비 대학 진학률이 가장 높은 것으로 나타났고, 조선족은 뛰어난 이중언어 능력과 문화적 배경으로 한국기업이 대거 진출한 중국 연해도시인 베이징과 상하이 등으로 대규모 이동을 시작했다(Choi, 2011; Piao, 2013). 예를 들어, 상하이를 중심으로 한 장강삼각주 지역에는 약 8만 5천 명의 조선족이 거주하고 있고(Bae, 2013), 제6차 인구조사에 따르면 상하이에 거주 중인 조선족 인구는 2만 2048명으로, 한족을 제외한 기타 소수민족 중 5위(상하이 전체 인구의 1.2%)를 차지한다.

본 연구는 상하이에서 진행되었다. 저자 역시 조선족으로 조선족 커뮤니티와 긴밀한 관계를 구축하고 있다. 연구의 첫 단계에서는 스노우볼 샘플링을 통해 총 30가구의 조선족 가정을 모집하여 웹 설문조사를 진행했다. 참가자 선정기준은 중국 동북지역 출신 조선족, 대학입학 전 기초교육을 한국어로 받은 자, 대학 입학 후에야 중국어(푸퉁화) 교육에 익숙해지기 시작한 부모로 잡았다. 부모들은 중국어와 한국어에 능통해야 하고, 자녀에게 영어학습 기회를 제공해야 했다. 선정된 가정은 소득수준, 가족환경, 교육배경 등을 기준으로 볼 때 상하이 중산층으로 분류될 수 있다. 온라인 설문조사 결과는 표 1에 제시되어 있다. 30가구의 자녀 중 80%가 연구 당시 초등학교에 재학 중이었으며, 76.7%의 가정이 동북 중국에서 상하이로 이주한 지 10년 이상 되는 것으로 나타났다.

저자는 두 번째 단계의 인터뷰 대상 모집을 위해 연구를 위한 요청서한을 보냈고, 30가구 중 6가구가 이에 응했다. 조선족 가정은 모두 세 식구로 구성되었고, 부모 연령대는 35세에서 49세 사이로 동북지역에서 상하이로 이주한 가정이었다. 1세대 국내 이주민으로서 이들은 뛰어난 한중 이중언어 능력을 보유하고 있었다. 이들은 고향 친지들과는 한국어로 소통하고, 상하이 현지 동료들과는 중국어를 사용하며, 집에서는 중국어와 한국어를 모두 사용하고 있었다. 자녀 들은 8세에서 16세 사이로, 상하이의 공립학교에 다니면서 중국어 (푸퉁화) 중심 교육을 받고 있었다.

<표1> 온라인 설문조사 응답결과(30개 가구)

내용	카테고리	숫자 (비중)
자녀 나이	유치원	2 (6.7%)
	초등학교	24 (80%)
	중학교	4 (13.3%)
상해 이주기간	5-10년	7 (23.3%)
	10-15년	8 (26.7%)
	15-20년	15 (50%)
가정 내 중국어와 한국어 사용비중	10:0	2 (6.7%)
	9:1	21 (70%)
	8:2	6 (20%)
	7:3	1 (3.3%)
영어 사교육 여부	Yes	28 (93.3%)
	No	2 (6.7%)
한글주말학교 참가 여부	Yes	6 (20%)
	No	24 (80%)

3.2 데이터 수집

첫 번째 양적연구 단계에서는 웹 링크를 통해 30개 가구에 설문 조사를 배포하여 배경정보(상하이 이주기간, 부모의 교육배경 및 언어능력, 자녀나이 등)와 언어관행(가정 내 책자 수량, 가정 내 중국어와 한국어 사용 빈도, 고향 친지와의 소통빈도, 윗 세대와의 의사소통에 사용되는 언어) 데이터를 수집했다. 질적연구 단계에서는 참여 가정 6곳을 대상으로 반구조적 인터뷰를 진행했다. 연구목적은 참가자 가정에 충분히 전달되었으며, 연구윤리 동의서가 작성되었다. 인터뷰는 중국어나 한국어로 현장에서 녹음했고 가족당 인터뷰는 약 1시간 정도 진행되어 총 8시간 분량의 인터뷰 데이터가 축적되었다. 질문은 가정 배경, 자녀의 언어환경과 실천, 자신에 대한 인식, 언어적 이데올로기, 자녀 언어학습에 대한 투자결정 등을 주제로 했다. 가족당 한 명의 부모가 인터뷰에 참여했는데 총 4명의 어머니와 2명의 아버지가 인터뷰에 참여했다.(〈표 2〉 참조)

<표 2> 반구조적 인터뷰 참가가정 정보와 언어실천

자녀 이름	Xinyu	Binbin	Shua	Xixi	Junjun	Zhiyong
나이	16	10	11	9	8	8
한국어능력	일상용어	일상용어	미니멀	못함	미니멀	미니멀
가정 내 중국어 책	50+	200	30+	50+	100+	60
가정 내 한국어 책	1	10	10	0	10	10
가정 내 영어책	10	30	30+	3	30+	20+
가정 내 중국어와 한국어 사용비중	8:2	7:3	9:1	9:1	9:1	9:1

모친 상해 이주 기간	8	11	15	19	15	17
성	Kim	Chey	Park	Lee	Song	Ahn
학위 및 취득국가	학사, 중국	박사, 한국	학사, 중국	학사, 중국	전문대, 중국	전문대, 중국
영어 능력	못함	못함	전문용어	미니멀	못함	못함
부친 상해 이주 기간	8	6	17	15	17	21
성	Jung	Kang	Bae	Moon	Yoon	Lim
학위 및 취득국가	학사, 중국	석사, 한국	학사, 한국	학사, 중국	학사, 중국	학사, 중국
영어 능력	못함	못함	일상용어	미니멀	미니멀	일상용어

인터뷰 데이터 보완을 위해 가정방문을 진행했고 현장관찰 노트를 작성했다(12페이지 분량). 저자는 사전에 약속된 시간에 4개의 가정을 방문하였고, 나머지 두 가족은 한글주말 학교에 머무는 동안 관찰하였다. 저자는 또한 비공식적 대화를 통해 가정언어정책에 대한 다양한 정보를 수집했다.

저자는 연구과정에서 자신의 역할을 끊임없이 고민했다. 저자는 지난 20년간 상하이에 정착하고 생활한 조선족으로서의 경험을 공유하는 것으로 인터뷰를 시작했다. 이를 통해 참가자들이 자신의 이야기를 솔직하게 털어놓을 수 있도록 했다. 인터뷰는 데이터 수집 도구로서의 역할뿐 아니라 상하이 조선족 이주민 커뮤니티 내에서 헤리티지 언어유지와 민족정체성 등 문제에 대해 양측이 함께 고민하는 지식 공동구성의 사회적 실천 역할도 했다.

3.3 데이터 분석

양적 데이터는 기술적으로 분석되었고 질적 데이터는 연역적 및 귀납적 접근법(Merriam, 2009)을 사용하여 반복적으로 분석했다. 1차 코딩은 주로 언어선택, 자아인식, 외부환경에 대한 참여자들의 목소리를 포착하는 데 중점을 두었다. 예를 들어, '하이브리드 정체성'이라는 코드는 '나는 점점 더 한족 여성화 되어가고 있다'는 데이터에 부여되었다. '한국어 환경 부족'이라는 코드는 '그가 즐기는 모든 만화와 게임이 중국어로 되어 있다'는 데이터에 부여되었다. 이 과정에서 13개의 초기 코드가 생성되었다. 다음 축코딩은 투자모델(Darvin & Norton, 2015)을 참조하여 1차 코드 간 상호작용을 탐색하기 위해 수행되었으며, 그 결과 정체성 변화, 시스템적 통제, 포지셔닝, 자본, 언어적 이데올로기, 그리고 가용성이라는 6개의 하위 범주가 도출되었다. 마지막으로 저자는 이상 분류를 현재 가정 내 한국어와 중국어의 이중언어 실천, 언어 외적인 민족정체성 구축, 미래 정체성에 대한 영어 투자 등 3가지 주제로 추상화했다.

4. 연구결과

4.1 가정 내 한국어와 중국어 사용

가정 내 언어실천 변화는 상하이 거주기간에 발생한 언어적 이데올로기의 변화와 관련된다. 참가자들은 모두 상하이에 노골적인 인종 차별이 없음을 인정했지만, 이주 초기 언어능력 부족으로 경제적, 사회적 불평등을 경험했다고 밝혔다.

인터뷰 1

Moon: 우리가 다녔던 조선족학교에서는 외국어로 일본어만 가르쳐서 영어를 배우지 못했죠. 대학 입학 후, 중국어 실력은 부족했고 영어를 전혀 몰라 동창들과 경쟁이 불가능했어요. 성적은 계속 하위권이었고, 외국계 회계법인과 같은 경쟁이 치열한 꿈의 직장에 취업하는 건 상상도 못했어요.

조선족 최대 집거지인 연변지역 조선족 학교에서는 한국어로 교육이 진행되었고 역사적 원인과 지리적 근접성으로 인해 일본어를 제1외국어로 가르치는 경우가 많았다. 상하이로 이주한 조선족 1세대 이주민들은 학교에서 습득한 언어자본을 상하이에서 인정받을 수 없음을 체감하였다.

인터뷰 2

연구자: 한국에서 학위 취득 후 상하이에서 취직하셨는데, 업무진행에 어려움은 없었나요?

Chey: 일상적인 대화에는 큰 문제가 없었지만 문서작성은 아직도 어려워요. 비서에게 대신 해달라고 부탁하기도 하고 저보다 훨씬 매끄럽게 글을 쓸 수 있는 한족 직원을 고용하기도 했어요. 어찌됐든 (한족은) 중국어가 모국어이고 초등학교 때부터 고문을 배웠기 때문에 우리보다는 더 많이 알고 있죠.

중국어와 영어에 대한 언어능력 부족은 학문분야에서의 경쟁력

저하와 취업기회 감소로 이어졌다. 조선족과 한족 모두 동일한 중국 국민이었음에도 불구하고 한족동료들이 '권위적인 언어사용자'로 간주되었고 조선족 이주민들은 중국인 동료들에게 가려지는 듯한 느낌, 특히 전문 분야에서는 그 불안감이 더 고조됨을 느끼게 되었다.

치열한 생존경쟁으로 참가자들은 언어실천 변화(대학 입학 후 영어학습, 직장에서의 중국어 능력향상)와 새로운 언어자본 습득을 강요당했다. 참가자들은 언어적 사회화를 통해 주류사회인 한족으로의 동화를 선택했고, 점차 자신들의 조선족 정체성을 은닉했다. 참가자 Moon과 Ahn은 자신의 경험을 이렇게 회고한다.

> **인터뷰 3**
>
> Moon: 이제는 제가 조선족인지 아무도 묻지 않아요. 한족처럼 말할 수 있거든요.
>
> Ahn: 엄마가 지난번에 상하이에 다녀가셨거든요. 저보고 아침도 안 하는 무서운 한족여자가 다 됐네 그러시더라고요.

한족과의 비주얼적인 차이가 거의 없는 상황에서 조선족은 언어실천을 바꿈으로써 새로운 환경에서 자신의 조선족 정체성을 숨길 수 있었고, 도시 거주자로 스스로를 재포지셔닝할 수 있었다.

이러한 재포지셔닝된 정체성은 가정 내 언어투자에도 영향을 미쳤다. 가정방문을 통해 수집한 가정 내 리터러시 환경 관련 데이터에 따르면 부모는 서로 다른 언어에 대해 다른 형태의 가정자본을 배정하고 있었다. 부모가 구매한 책 대부분은 중국어로 되어 있었고, 그 다음은 영어, 마지막으로 한국어 순이었다. 가정 내 한국어

책의 수는 제한적이었으며, 그마저도 한글 주말학교에서 배포한 교재들이 주를 이루었다. 내용 측면에서 중국어와 영어 책은 다양한 주제와 장르(소설, 만화, 교과서 등)를 다루고 있었지만, 한국어 책은 주로 읽기 입문서였다. 한마디로 가정의 언어투자는 주로 중국어와 영어에 집중되어 있었다. 여섯 가정과의 인터뷰에 따르면 중국어 책은 자녀의 중국어 습득에 중요한 역할을 하고 있었으며 일부 가정은 100권 이상의 중국어 책을 보유하고 있기도 했다. 참가자 Moon의 가정은 한족 가정부를 고용하여 자녀를 돌보게 하는 등 추가적인 투자를 하기도 했다.

부모들은 자녀의 중국어와 영어습득에 더 많은 투자를 하면서도 한편으로는 자녀가 모국어를 유지하기를 바라는 마음을 드러내기도 했다.

인터뷰 4

Yoon: 한국말을 전혀 못하는 조선족이요? 상상이 안되죠. 하지만 애들이 한국말을 안 하겠다고 하면 어쩔 수 없을 거 같아요.

Ahn: 우리말을 알아들을 수 있으면 좋을 거 같아요. 말도 하고 글도 알면 가족 간에 의사소통이 더 잘 될거잖아요.

부모들은 한국어가 가족 유대감을 형성하고 민족적 정체성을 상징하는 역할을 한다고 믿었지만 대도시 생활에서는 언어전환이 불가피하다는 것도 알고 있었다.

인터뷰 5

연구자: 자녀가 한국어를 못해도 괜찮으세요?

Moon: 조금 할 줄 안다고 해도 아이의 아이들, 즉 손자들은 분명히 못 할 거예요. 언젠가는 그렇게 되겠죠.

중국 표준어인 푸퉁화(普通話)가 권장되고 영어의 실용적 가치가 주장되는 국제대도시에서 자녀에게 모국어를 가르쳐 민족정체성을 강요하기는 어려운 현실이었다. 부모들은 자녀의 의지에 반해 한국어 학습을 강요할 수 없다는 점을 인정했다.

인터뷰 6

연구자: 아이가 한국어를 할 수 있기를 바라면서 왜 한국어 학습에 더 많은 시간과 돈을 투자하지 않으셨나요?

Moon: 중국어도 제대로 하지 못하는데 지금 한국어를 추가하면 더 혼란스러울 거 같아서요. 어차피 중국에서 살텐데 (일단 중국어를 잘 배우고) 나중에 기회가 되면 한국어를 배워도 되겠죠.

Moon의 과거경험(인터뷰 1 참조)과 자녀미래에 대한 지향성은 그에게 중국어가 한국어보다 더 중요하다고 믿는 이유를 제공했다. 흥미롭게도 Moon은 한국어의 완전한 포기까지는 언급하지 않았는데 이는 '나중에' 기회가 주어지면 한국어를 배울 수 있을 것이라는 막연한 믿음 때문이었다. 이 역시 투자가 복잡하고 유동적인 상태일 수 있음을 보여주는 부분이다(Darvin & Norton, 2015; Norton, 2013).

조선족 가정의 학업 스트레스, 조선족 커뮤니티 미비, 민족어 환경 부재 등 민족어 유지와 관련된 제도적, 구조적 문제 역시 헤리티지 언어를 유지하지 못하는데 제약으로 작용하고 있었다.

연구자: 자녀의 한국어 학습에 가장 큰 장애물은 무엇이라고 생각하시나
요?

Ahn: 학업 스트레스죠. 상하이는 고등학교 입학률이 50%밖에 안되잖아
요. 정말 걱정이에요.

상하이에 거주하는 조선족 가정이 공통적으로 경험하는 제도적
제약은 명문 고등학교나 대학에 입학하기 위한 중국어와 영어 관련
학업 스트레스였다. 결과적으로 부모들은 자녀의 헤리티지 언어 학
습을 포기하기에 이르렀던 것이다. Park은 '아침 7시에 등교해야 하기
때문에 아이들은 5시에 일어나야 하고 밤 8시에 잠자리에 들어야 합
니다. 이런 상황에서 아이에게 한국어를 배우라고 강요하는 것이 좋
은 생각일까요?'라고 했는데 제도적 제약이 자녀의 한국어 능력 저
하에 영향을 미치고 있음을 알 수 있다.

Yoon: 유치원에 다니기 전에는 한국말을 좀 했었는데 그 후로는 전혀 안
하더라구요. 한국말로 같이 놀 수 있는 친구가 없으니까요.

Ahn: 만화, 게임 이런게 다 중국어로 되어 있으니 한국어를 접할 환경이
전혀 없는거죠.

부모들은 한국어를 사용하는 커뮤니티가 미비하다는 점을 지적
했다. 한국어를 사용하는 친구가 없고 한국어가 활발하게 사용되지
않는 커뮤니티에서 생활하다 보니 아이들은 주어진 사회구조 내에서
민속어의 가치를 인식하기 어려웠다. 주말학교에서 제공되는 2시간
의 무료 수업으로는 모국어 능력을 유지하기에 턱없이 부족했고 한

국어 학습을 지속할 동기부여도 충분치 않았다. 한마디로 상하이의 조선족 이주가정은 '시스템적 통제패턴'(Darvin & Norton, 2015)에 직면하여 한국어 학습을 포기하게 되었던 것이다.

4.2 언어 외적인 민족정체성 구축

설문조사를 진행한 30가구 중 대부분 부모는 가족 간 유대 유지를 위해 자녀가 민족어를 사용할 수 있기를 원했지만 현실적으로는 자녀의 한국어 학습에 많은 투자를 하지 않았다. 중국어와 한국어 간 균형을 맞추는 가정은 없었다. 6.7%의 가정은 한국어를 전혀 사용하지 않았고, 90%는 집에서 한국어를 10% 또는 20%만 사용한다고 답했다(표 1 참조). 부모들이 이중언어 사용자임에도 불구하고 자신의 언어적 자본을 자녀의 한국어 학습으로 전환하는 데 실패했던 것이다.

이러한 양적 분석결과는 반구조적 인터뷰 데이터(표2 참조)에서도 확인되었다. 6가정 중 4개는 가정 내 중국어와 한국어 사용비율이 9:1이라고 답했는데 자녀들은 '안녕, 고마워, 먹어, 가자, 자, 빨리, 이름, 나이' 등 매우 기본적인 표현 몇 가지를 제외하고는 한국어를 거의 구사할 수 없었다. 나머지 두 가족은 중국어와 한국어 사용비율이 8:2 또는 7:3이라고 답했는데 이 두 가정의 자녀는 조부모와 함께 연변에서 생활하다가 7세 이전에 부모와 함께 상하이로 이주한 케이스였다.

가정방문과 관찰 데이터를 통해서도 비슷한 상황을 확인할 수 있었다. 6개 가정 중 2군데는 자녀들이 '생선 먹기 싫어', '손 씻었어', '주말에 축구 할 수 있어?' 등 일상적 대화를 할 수 있었지만 오늘 학교에서 무슨 일이 있었는지, 왜 생선을 먹고 싶지 않은지 등 디테일한 설명은 한국어로 진행되지 못하거나 한국어 사용 중 대량의 중국어 단어나 표현을 섞어 사용하고 있었다. 하지만 언어사용의 이러한 제약은 조선족 정체성에 대한 투자를 막지는 못했다. 부모들은 언어자본 대신 문화자본과 사회자본을 이용하여 정체성에 대한 투자를 진행하고 있었다.

인터뷰 9

Kim: 네 가족 모두 한복을 입고 초등학교 졸업식에 참석했는데 다들 예쁘다고 하더라구요. 조선족 교회에도 가끔 가는데, 거기에는 중국말을 잘 못하는 조선족 할머니들이 많아요. 그분들과는 한국말로 대화를 해야 하거든요.

부모들은 장백산 관련 이야기를 하고 한국에 여행을 가고 자녀를 한글주말학교에 보내는 등 문화투자를 진행했다. 모든 가정은 거실에 한복을 입은 가족사진을 걸어두고 있었는데 조선족 정체성이 명확하게 안겨오는 순간이었다. 이런 노력은 모두 문화자본과 사회자본의 활성화로 이해할 수 있는데 사회의 구조적 제약에 맞서 부모들은 비언어적 자본을 통해 조선족 정체성 구축을 시도하고 있었던 것이다.

인터뷰 10

연구자: 자녀가 한국어를 할 수 없으면 그만큼 덜 조선족 스러울까요?

Park: 아이에게 [민족정체성]을 강요할 수는 없어요. ...아이가 한국어를 할 수 있든 없든, 집에서는 계속 된장찌개와 김치를 먹고 있잖아요. 식습관은 변하지 않을거고, 그것만으로도 충분히 조선족 정체성이 유지될거라 생각해요.

Park은 식습관을 유지하고 문화전통을 이어가는 것만으로도 충분히 민족정체성을 유지할 수 있고 반드시 언어를 통해야 하는 것은 아니라고 주장했다. Moon 역시 '민족성은 혈통에 관련된 것이지 언어와는 아무 상관이 없다'고 주장한다. 이런 발언은 언어와 민족성이 불가분의 관계라는 오래된 관념에 맞서 헤리티지 언어와 민족정체성 간의 본질적 연관성을 해체하려는 시도로 해석될 수 있다. 영국에 이주한 동티모르 가정에 대한 Da Costa Cabral(2018)의 연구와 미국에 거주 중인 한인 이민가정에 대한 Song(2010)의 연구와 마찬가지로, 상하이에 거주하는 조선족 부모들은 문화전통과 '혈통'을 바탕으로 자녀의 민족정체성을 재해석하고 있었다. 부모들은 헤리티지 언어의 불가피한 손실에도 불구하고 문화전통이 그대로 유지되는 한 민족정체성은 영향을 받지 않을 것이라고 믿고 있었는데, 이는 '포스트모던 정체성'(Hall, 1996)의 발현으로 볼 수 있다.

4.3 자녀의 미래를 위한 영어투자

본고는 조선족 부모들이 자녀 미래에 대한 기대때문에 한국어를 포기하고 영어에 투자하고 있음을 발견했다. 대부분 부모들의 영어능력은 '매우 낮음' 또는 '전혀 모름' 수준에 머물러 있었다(〈표 1〉 참조). 그럼에도 불구하고 모든 가정의 자녀들은 초등학교 입학 전에

벌써 영어공부를 하고 있었다. 설문조사 결과 조선족 부모의 80%는 자녀를 한글주말학교에 보내지 않는데 반해 93.3%는 자녀의 영어능력 향상을 위해 학원, 과외 등 다양한 사교육에 물리자본을 투자하고 있었다(〈표 1〉 참조).

인터뷰를 진행한 6개 가족 중 일부는 자녀의 영어공부에 연간 수만 위안(Yoon, Kim, Choi)을 투자하고 있는 것으로 나타났다. Park은 3년간 딸과 함께 필리핀에 이주하여 로컬유치원에 보내기도 했는데 자녀의 영어발음에 대해 상당히 만족해 했다.

인터뷰 11

> Park: 요즘 한국도 삼성 같은 대기업에서는 영어를 한국어보다 더 중요하게 생각하잖아요. 한국 상류층들은 자녀를 미국이나 캐나다로 유학 보내고, 중산층들도 필리핀으로 어학연수를 보내죠. 여기 상하이도 비슷해요. 한국어만으로는 경쟁력이 없어요.

Park은 한국어가 유일 공식언어인 한국에서조차 영어교육열이 팽배하고 있는 현실을 지적하면서 자신이 감지한 영어의 압도적 파워를 합리화하고 있었다. 부모들은 사회적, 경제적, 문화적 차원에서 다양한 언어가치를 신중하게 평가한 후, 영어를 시장성이 있는 상품이자 국제대도시 멤버십(Curdt-Christiansen & Wang 2018; Zheng & Mei 2020)을 획득할 수 있는 도구로 간주하고 있었는데 이는 글로벌 영어 이데올로기와 맥을 같이 하고 있었다. 이러한 투자의 반대편에는 '한국어가 경쟁력이 떨어지는 언어'라는 결론이 자리잡고 있었던 것이다.

연구자: 자녀가 어떤 사람이 되길 바라시나요?

Yoon: 저희는 대학 졸업 후 취업 외에 다른 직종은 상상도 못했어요. 하지만 아들은 공무원, 대학교수, 은행원 등 훨씬 다양한 선택이 있기를 바라요.

Kim: 상하이의 영어 교육은 매우 좋아요. 반 친구 중 몇몇은 미국의 사립 고등학교에 진학할 예정인데, 우리딸도 그렇게 하고 싶어해요.

인터뷰에 참가한 부모들 모두 상하이 정착 과정에 언어장벽으로 인한 다양한 도전을 경험한 적 있었다. 그들은 언어능력의 한계 때문에 회사취업 외에는 선택의 여지가 거의 없었다고 믿고 있었다. 때문에 자녀들은 언어능력 향상을 통해 커리어 발전과 '다양한 선택권이 확보' 될거라는 상상된 정체성을 구축했고, '더 나은 기회를 위해 중국을 벗어나 미국이나 영국 등 영미권으로도 갈 수 있다'는 상상도 하게 되었다. 정체성은 개인의 과거경험과 현재 처한 여건뿐 아니라 상상된 미래에 의해서도 구성된다고 주장하는 Norton(2010)으로 해석이 가능한 부분이다.

5. 토론

본고는 Darvin & Norton(2015)이 개발한 투자모델을 FLP 연구에 접목하고자 시도했다. 설문조사 결과, 연구에 참가한 조선족 부모들은 자녀의 중국어와 영어 학습에 투자하고 한국어는 유보하고 있는 것으로 나타났다. 질적연구 결과는 이들이 언어적 사회화를 통해 민족정체성을 재구성하고, 언어위계를 인정하는 이데올로기를 받아들여 다양한 가정자본을 다르게 사용하고 있음을 발견했다. 특히 언어적 이데올로기의 갈등과 구조적 제약에 직면하여 부모들은 언어와 민족성 간 가설적 연관성을 끊으려고 시도하면서 민족성은 혈통에 있는 것이지 언어에 있는 것은 아니라고 주장했다. 한마디로 부모들은 자녀를 위한 상상된 정체성을 바탕으로 언어투자 결정을 내리고 있었던 것이다.

본고는 도시화 과정을 겪으면서 자국 내에서 이주를 경험한 조선족 가정의 언어투자 현황을 조사함으로써 FLP의 학문적 발전에 기여했다. 영미권 환경에서 한국인 이민가정은 민족정체성을 위해 한국어를 유지하려고 노력한 것(Park & Sarkar, 2007; Kang, 2013; Zhu & Li, 2016)과 반대로 중국대도시로 이주한 조선족 가정에서는 한국어 사용이 감소되고 중국어와 영어에 대한 투자가 증가하고 있었다. 이는 중국 중산층 가정이 글로벌 영어를 시장성 있는 상품이자 글로벌시민의 상징으로 여기는 언어적 이데올로기의 영향을 받았기 때문일 가능성이 큰데 유사한 결과가 선행연구들에서 발견된 바 있다(Curdt-Christiansen & Wang, 2018; Zheng & Mei, 2020). 하지만 Shen, Wang & Gao(2020)의 연구에서 부모의 민족어 능력이 더 훌륭할수록, 교육수준이 더 높을수록 자녀의 민족어 학습에 대한 지지의사가 더 높다는 발견과 달리, 본고의 조선족 부모들은 자신이 뛰어난 이중언어 사용자이고 대학 이상 교육을 받았으며 중산층임에도 불구하고 자녀의 언어능력 투자에 있어서는 언어전환을 수용하고 있었다. 정확하게 말하면 부모들 역시 자녀들이 한중 이중언어 사용자가 되기를 원하고 있음에도 불구하고 자녀의 한국어 학습에 대한 투자를 중단하고 자신의 언어자본을 자녀에게 전수하고 있지 않았던 것이다.

본고의 연구결과에서 보다시피 정체성과 언어 간 관계는 간단하지 않으며, 정체성이 언어 관련 가정자본의 투자를 어떻게 매개하는지에 대한 보다 세밀한 연구가 필요하다는 것을 단적으로 보여준다. 연구결과에 따르면, 한족이 대다수를 차지하는 대도시에서 조선족 이주자들은 언어와 민족정체성을 분리하는 보다 유동적이고 하이브리드적인 '포스트모던 정체성'(Hall, 1996)을 구축하고 있었다(Da Costa Cabral, 2018; Song, 2010). 중국어와 영어를 우선시하는 언어위계 이데올로기에 영향을 받은 조선족 부모들은 자녀의 중국어와 영어능력 향상에 물리자본을 투자하고, 문화적 유대감 유지 등 민족정체성에는 문화자본과 기타 사회자본을 이용했다. Canagarajah(2013)의 연구에서 타밀어를 민족정체성 유지에 필수적이지 않다고 본 1세대 스리랑카 타밀 이주가정과 마찬가지로, 본고의 조선족 부모들도 문화전통과 관습의 유지야말로 민족공동체에 귀속되는 주요 상징으로 간주하면서 헤리티지 언어능력은 그리 중요하지 않다고 여기는 경향이 있었다.

문화자본의 축적은 기타 형태의 자본보다 더 많은 시간과 자원의 투자를 필요로 하며, 개인이나 그룹을 구별하는 가장 유용한 도구가 되기도 한다(Bourdieu, 1991). 조선족 가정 역시 문화전통을 한족과 구별되는 조선족 고유의 특징으로 간주했다. 재구성된 정체성은 '언어자본을 타협하고 권력관계를 재구성하며 규범적인 사고방식에 도전장을 내밀기' 때문에(Darvin & Norton, 2015, 47), 본고의 부모들 역시 최종적으로 자녀의 중국어와 영어 학습에 투자하고 한국어에서 손을 떼기로 결정했던 것이다.

현실적 선택에도 불구하고 문화전통을 헤리티지 언어보다 우선시한 결과는 이주가정의 이러한 투자결정이 본연의 의도는 아니었음을 알 수 있다. 연구에 참가한 모든 부모들은 자녀가 한국어를 할 수 있기를 바랐지만 현실적 선택은 학업 스트레스, 조선족 공동체 부재, 한국어 사용 기회 부족 등 구조적 제약과 언어적 이데올로기의 갈등 상황에서 얻어낸 타협으로 해석할 수 있다. 현실적 도전에 직면하여 부모들은 '특정 언어에 대한 투자 또는 비투자를 선택'했던 것이다(Darvin & Norton, 2015, 47). 따라서 한국어 포기는 정체성, 이데올로기, 자본의 교차적 영향으로 인해 강요된 최종 선택으로 이해할 수 있다.

기존 FLP 연구에서 부모의 기대가 헤리티지 언어발달에 긍정적인 영향을 미치는 가장 중요한 예측변수라는 점과 일치하게(Curdt-Christiansen, 2009; Curdt-Christiansen & La Morgia, 2018; Yang & Curdt-Christiansen, 2020) 본고에서도 부모의 기대가 부모가 상상하는 자녀의 정체성, 즉 자녀의 미래 차원에서 본 가능성에 영향을 미칠 수 있음을 시사한다. 자녀를 위한 미래의 정체성에는 푸퉁화를 유창하게 구사하는 진정한 도시시민, 글로벌 영어를 구사하는 세계시민, 한국어를 구사하지 않지만 문화전통에 익숙한 조선족으로서의 삶을 포함한 다양한 모습을 가진다. 이러한 상상된 다언어 및 다문화 정체성은 사회적 언어위계에 의해 형성되었고, 미시적 수준에서는 가정자본에 의해 구축되며, 가정자본의 투자 또는 투자 중단 결정을 상당 부분 합리적으로 해석할 수 있다.

6. 결론

본고는 중국 국내에서 이주경험을 겪은 조선족 가정의 언어투자 과정을 분석하고, 정체성, 이데올로기, 자본 간 영향과 상호작용을 밝혀내고자 했다. 연구결과 FLP 실천에 영향을 미치는 거시적 사회 요인과 미시적 가정기반 요인을 상당 부분 확인할 수 있었다 (Curdt-Christiansen, 2018). 한발 나아가 본고는 이주민 부모의 재구성된 정체성이 자녀 언어학습에 대한 투자 또는 투자 중단 결정에 깊은 영향을 미칠 수 있다고 주장한다. 이러한 인사이트는 기존 FLP 연구에 정체성 요인을 더하고, 유사한 맥락에 처해 있는 타민족의 다양한 FLP 실천에 대한 인사이트를 제공할 수 있다.

더 중요한 것은, 본고는 공식언어가 절대적 위상을 갖고 있는 중국에서 헤리티지 언어를 유지하는 책임과 부담은 오롯이 이주민 가정의 몫임을 시사한다. 중국정부가 소멸 위기에 처한 소수민족 언어를 보호하기 위해 '언어보호 공정'이라는 대규모 프로젝트를 시작했음에도 불구하고(Shen & Gao, 2019) 국제대도시에서는 민족어를 유지하기 위한 공식적 노력이 행해지지 않았다. 가정언어정책은 거시적 국가차원의 이니셔티브에서 중간 수준의 지역사회 관행에 이르는 다양한 외부 요인에 의해 매개된다(Zheng & Mei, 2020). 따라서 민족어의 보존과 유지는 개별 부모의 투자 노력에만 의존해서는 안 되며, 다양한 사회적 차원에서의 공동노력이 필요하다. 민족어 사용을 권장하고 가능케 하는 커뮤니티 공간이 마련되고 지역사회 차원의 다양한 행사가 제공된다면, 민족어는 더 큰 가치를 지닌 언어로 인식될 것이고 가정 내 유지 가능성도 그만큼 높아질 수 있을 것이다.

Ⅲ.

소수민족 엘리트의 언어적 이데올로기와 정체성 구축

1. 서론

지역 간 이동을 경험한 이민자들은 새로운 사회문화 환경에 적응하는 과정에 '나는 누구인가'와 '나는 누가 되어가는가'에 대한 정체성 문제로 혼란을 겪게 된다. '사회적 삶은 개인 간의 일상대화에서 시작'(Gergon, 1999; Davies & Harre, 2001)되기 때문에 언어는 현실의 가장 핵심적인 부분이라 할 수 있다(Foucault, 1979; Phillipson, 1992). 언어는 '이주지 사회와 이민자들 모두에게 통합의 가장 핵심적 요소 중 하나로 간주된다.'(International Organization for Migration, 2019:192) 때문에 이주언어학은 연구할 가치가 있는 분야로 최근 학계의 주목을 받고 있다(Borlongan, 2023).

중국 55개 소수민족 중 하나인 조선족(朝鮮族) 이주사는 150여년 전인 19세기 중반으로 거슬러 올라갈 수 있다. 조선족은 한반도 주민들과 언어 및 문화전통을 공유하고 있고, 높은 교육열과 이중언어 능력으로 중국 내에서는 오래전부터 모범민족으로 불려왔다(Zhang & Li, 2015). 중국 호적제도 개혁과 도시화 추진으로 변경지역에 집거해 있던 소수민족들이 대거 도시로 이주하면서 국내 이민시대가 열리게 되었다(Castles & Miller, 2003). 본고는 통일된 언어적 이데올로기(푸통화가 강력한 지배적 위상 보유)를 가진 중국에서 이중언어를 구사하는 조선족 엘리트들이 소수민족 집거지에서 국제대도시로 이동하는 스케일 변화 과정에서 발생하는 정체성 협상의 이유와 방법을 밝히고자 한다. 중국에서 엘리트는 고등교육을 받고 높은 이동능력을 갖고 있으며 상향이동의 결과로 높은 수준의 경력이나 소득을 얻은 개인을 의미한다(Liu et al., 2023). 이는 도시에 와서 육체노동에 종사하는 농민공과는 대조되는 집단이라 할 수 있다.

본고는 인간지리학(Herod & Wright, 2002)과 정치학(Wallerstein, 2001) 분야에서 유래한 스케일(Blommaert, 2015; Canagarajah & De Costa, 2016; Gal, 2016; Moore, 2008) 개념을 적용하는데, 이는 글로벌화와 국가간 이동 과정에 인간의 상호작용에 대한 의미생성의 복잡성을 연구하는 데 강력한 이론적 기반을 제공하는 개념이다(Blommaert, 2015; Canagarajah & De Costa, 2016; Catedral, 2018; Gal, 2016; Lempert, 2012).

다음 섹션에서 본고는 먼저 이주를 경험한 한민족들이 겪은 정체성 협상과정과 언어적 이데올로기의 변화를 살펴보고, 다음 국가간 이민자들이 다양한 스케일에서 성체성을 구성하는 방법을 요약한 후, 본고의 연구 참가자들이 언어적 이데올로기를 협상하는 방식을 자세히 분석하고 이러한 협상이 다양한 스케일에서 어떻게 구현되고 있는지를 분석한다. 본고의 연구결과는 국가 내 지역 간 이동이라는 맥락에서 정체성 구성과 변화에 대해 보다 세밀한 이해를 제공할 수 있을 것이다.

2. 선행연구

2.1 이주를 경험한 한민족의 언어적 이데올로기와 정체성 구축

Norton(2000: 5)은 정체성을 '개인이 세상과의 관계를 이해하는 방식, 그 관계가 시공간을 가로질러 어떻게 구성되는지, 그리고 개인이 미래에 대한 가능성을 어떻게 이해하는지'로 정의하며, 정체성 구축을 '불평등한 권력 관계에 내재된 갈등의 장'(Norton, 2000: 127)으로 이해하면서 언어적 이데올로기와 연결시켰다(Blackledge & Pavlenko, 2001). Silverstein(1979: 193)은 언어적 이데올로기를 '사용자가 인지하고 있는 언어구조와 사용을 합리화 또는 정당화하기 위해 드러내고 있는 언어 관련 신념'으로 정의한다. 언어적 이데올로기는 '화자의 사회문화적 경험을 기반으로 구축'(Kroskrity, 2004: 496) 되기 때문에 미리 결정되거나 정해진 것이 아닌 협상과 수정의 결과로 나타난다. 예를 들어 싱가포르의 한국인 가정이 다언어와 단일언어에 대한 모순된 태도, 그리고 그것을 재해석하는 방식에서 이데올로기와 정체성의 관계를 보아낼 수 있다(Bae, 2015).

이주를 겪은 한민족의 언어적 이데올로기는 꾸준히 연구되어 왔다. 예를 들어 북미의 한인 이민자들은 영어를 글로벌 언어로 인식하고 학습의 의무감을 느낀(Jeon, 2008; Song, 2010) 반면 한국어는 국가적, 문화적 정체성의 마크이자 가족 구성원 간의 유대감으로 여겨졌고(Kang, 2013; Park & Sarkar, 2007), 뉴질랜드의 1.5세대 한국계 이민자들은 한국인 친구나 가족과 소통할 때 한국어와 영어를 섞어서 사용하고 있고 이를 자신의 'Kowi'(한국계 키위) 정체성의 일부로 간주했다(Park, 2022). 중국 소수민족 집거지에서 국제대도시로 이주한 조선족 부모들은 헤리티지 언어와 민족정체성을 분리하는 포스트모던 정체성이 발견되기도 했다(Cui & Zheng, 2021). 이들은 푸통화를 계급이동에 도움이 되는 고급언어로 여겼으며, 구조적 제약과의 타협 결과, 조선족의 문화자본만을 유지하고 한국어 유지는 포기하는 선택을 하게 되었다.

선행연구에 나타난 정체성의 특징은 다중적이고 유동적이며 역동적인 것이었다(Darvin & Norton, 2015). 문제는 대부분 선행연구가 디지털 공간이 아닌 실제 물리적 세계에서의 언어적 이데올로기와 정체성 구축에 초점을 맞추고 있다는 점이다. 글로벌화와 더불어 블로그, 소셜미디어, 온라인 커뮤니티와 같은 디지털 공간의 대중화로 사람들은 공공 및 개인 영역, 디지털 및 물리적 공간을 이동하면서 언어를 전환하는 등 다양한 스케일에서 서로 다른 언어를 사용하는 경향을 보인다. 여기서 개인 영역은 가족 구성원과 친한 친구들을 위한 의사소통 공간을 말하며, 공공 영역은 학문적 또는 직업적 목적으로 소통하는 공간을 뜻한다. Maalouf(2000: 3)는 '정체성은 구분될 수 없다. 나는 여러 개의 정체성을 가지고 있지 않다. 다양한 구성요소가 이루어낸 혼합물로 이루어진 단 하나의 정체성을 가지고 있다'고 주장한다. 본고는 국제대도시로 이주한 소수민족 엘리트 집단의 언어적 이데올로기와 정체성을 탐구하기 위해 스케일을 분석적 틀로 사용한다.

2.2 스케일과 정체성 구성

불균등한 네트웍과 글로벌화의 수직적 위계에서 사회언어학 과정을 분석한 Blommaert(2005)는 스케일의 개념을 제시했다. 지역 간 이동을 경험한 이민자들이 모국어 환경에서 가치를 지니던 언어자원과 정체성이 새로운 환경에서 동등하게 평가되지 않는다는 것을 깨닫는 데는 오래 걸리지 않는다(Blommaert, 2007). 그들은 새로운 환경의 스케일에서 언어를 재정의할 필요성을 느끼게 되고 '중심, 준주변, 주변'의 새로운 언어적 위계질서를 탐색하게 된다(Blommaert, 2005: 201).

Blommaert(2005)의 스케일 개념은 지정학적 배경에 숨겨진 언어 간의 불평등한 관계를 보여주지만, 그의 스케일 개념은 정적이고 객관적이며 미리 정의된 것으로 비판받아 왔다(Canagarajah & De Costa, 2016). 이와 관련하여 일부 학자들은 스케일을 '실천의 범주'(Canagarajah & De Costa, 2016; Moore, 2008)로 이해할 수 있다고 주장하며, 사람들이 스케일에 어떻게 관여하는지 분석할 필요가 있다고 강조한다(Catedral, 2018). 즉, 스케일링 실천 관련 연구에서는 '사회적 행위자가 일상 노력을 통해 특정 시공간적 맥락을 조성하고 다른 사람들과의 관계를 (재)설정하는'(Yin, 2023: 3) 능동적인 과정에 중점을 두어야 한다는 것이다.

스케일 개념은 다음과 같은 두 가지에 주목한다. 첫째, 글로벌화로 인한 불균등한 네트웍과 수직적 위계에서 스케일은 시공간 영역의 제도화된 질서를 포함한다(Bailey et al., 2016: 315). 한민족 이민자의 정체성은 이러한 위계질서의 영향을 받아 선택과 대체의 경향을 보임이 선행연구에서 다수 나타났다. 즉, 출신국에서의 정체성을 대체하기 위해 이주사회에서 더 높은 사회적 가치와 관련된 정체성을 선택하는 경향이 있다는 것이다. 예를 들어, 영국으로 이주한 조선족 가정이 런던의 한국인 커뮤니티에 이사하면서 한국어를 유지함과 동시에 중국어를 포기하고 중국 출신임을 숨기는 것 등이다(Zhu & Li, 2016). 마찬가지로 한국으로 이주하여 한국국적이나 영주권을 취득한 조선족들도 자신을 중국인보다는 한국인으로 여기는 것으로 나타났다(Fang, 2013).

반면, 제도화된 질서에도 불구하고 이러한 스케일은 정해진 위계질서로 환원될 수 있는 권력 관계뿐 아니라 개인의 능동성도 작용함을 강조한다. 이를 통해 개인은 기존의 권력구조 및 지배적 이데올로기와 협상을 하거나 심지어 이에 도전할 수도 있다(Yin, 2023). 이러한 의미에서 스케일 연구는 제도적 질서에 적응하는 동화 중심의 프레임웍에서 개인의 능동성을 강조하는 정체성 구축 과정에 초점을 맞추는 패러다임으로 전환되고 있다(Marginson, 2014; Yin, 2023). 전자는 이민자를 동화하고 이주 사회에 적응하는 역사적이고 본질적인 시각이고, 이들이 기타 대안을 선택할 수 있는 가능성을 과소평가하거나 심지어 무시하는 반면, 후자는 이민자를 정체성을 협상하고 국경을 넘나들며 삶을 헤쳐나가는 의식적이고 능동적인 주체로 부각시킨다. Marginson(2014)은 정체성 구축 과정은 시공간에 의해 매개되며, 동시다발적으로 발생된다고 강조한다. 예를 들어 디지털 공간은 이민자들이 능동성을 협상하는 또 다른 시공간적 스케일로 간주될 수 있다.

재외동포의 모국어 정체성에 대한 설문조사에 따르면 조선족의 80% 이상이 한국어를 모국어로 생각하는 것으로 나타났다(Park, 2012). 19세기 말 구 소련 지역으로 이주한 고려인의 경우 74%가 러시아어를 모국어로 여긴다는 연구결과가 있는 반면, 일본으로 이주한 재일조선인은 일본어를 모국어로 취급하는 정체성을 형성하는 경향이 있었다(Lee, 2017). 동일 민족임에도 불구하고 서로 다른 국가로의 이동 과정에 모국어 인지가 분명한 차이를 보이는 것은 언어적 이데올로기가 사회, 문화, 정치, 역사적 요인의 영향을 쉽게 받는다는 사실을 확인해 준다. 한마디로 이민자들은 자신이 처한 지리적, 사회적 스케일에 따라 더 가치 있는 언어를 찾고 식별해 나간다는 것이다(Dong, 2010).

한민족 디아스포라의 스케일 실천에 대한 연구 외에도 일부 연구는 초국가적 수준에서 스케일 변화와 정체성 구축 간 관계를 탐구해왔다. 예를 들어, 미국에서 유학 중인 중국학생들은 적극적인 스케일 확장 실천을 통해 다양한 시공간적 맥락을 연결함으로써 '교체가 능한' 정체성을 구축하고 있었고(Yin, 2023), 홍콩에 거주하는 한국인(Bailey et al., 2016)은 지리, 시간, 사회적 스케일의 교차점에서 언어와 이데올로기 간 긴장을 경험하는 것으로 밝혀졌으며, 이러한 긴장을 해결하기 위해 스케일을 재협상하여 혜택을 추구하는 하이브리드적 정체성을 구축하였다.

국가간 이동이 정체성에 미치는 영향에 대한 연구와는 달리, 동일한 국가 내에서의 이동, 특히 통일된 언어정책과 언어적 이데올로기를 가진 국가 내 이동에 대한 연구는 거의 이루어지지 않고 있다. 비본질주의적이고 비환원주의적인 관점에서, 본고는 소수민족 집거지에서 중국 내 국제대도시로 이주한 조선족 엘리트 집단의 정체성을 분석하고자 한다. 중국은 푸퉁화를 공식언어로 적극 홍보하는 다민족 국가이다. 이 연구는 이러한 배경에서 엘리트 이주민들이 다양한 스케일을 넘나들면서 어떻게 언어적 이데올로기와 정체성을 구축하는지 탐구한다. 동일 국가 내에서의 이주도 민족집거지와 국제대도시에서 사용하는 언어는 서로 다른 스케일을 포함한다고 볼 수 있다(Blommaert, 2001). 게다가 물리적 세계에서 일어나는 이동은 디지털 공간에서의 이동과 겹쳐 발생하기도 한다. 본고의 연구대상인 엘리트들의 이동 역시 지리적 스케일뿐 아니라 디지털 스케일과 사회적 스케일 등 다양한 스케일 변화가 포함된다. 본고는 사람들이 서로 다른 스케일에서 다른 정체성을 가질 수 있다고 주장하는데 이를 조선족 엘리트들의 이주과정 사례를 통해 검토함으로써, 이동이 정체성 구축에 미치는 영향에 대해 보다 정교한 이해와 증거를 제시하고자 한다. 이를 위해 본고는 다음 연구문제를 설정한다.

국제대도시로 이주한 조선족 엘리트들은 정체성 구축 과정에서 왜 스케일별 언어사용을 달리 하는가?

3. 연구방법

본고는 질적연구 방법을 채택하였으며, 중국 동부지역 대도시인 상하이에 거주하는 조선족 엘리트 24명을 대상으로 인터뷰를 진행, 데이터를 수집하였다. 본고는 중국에서 가장 인기있는 소셜미디어 플랫폼인 위챗과 틱톡의 중국버전인 더우인에서 사용하는 언어도 함께 분석했다. 본고는 연구의 윤리를 지켰고, 인터뷰 대상자들은 사전에 연구목적을 고지받았으며 정보제공 동의서에 서명하였다. 인터뷰와 넷노그래피 조사과정은 4개월 이상 소요되었다 (넷노그래피 방법에 대한 자세한 논의는 3.2절 참조).

3.1 연구배경과 참가자

조선족은 150여 년 전 한반도에서 중국 동북부로 이주하였는데 1945년 당시 중국 동북지역의 조선인 이주민 인구가 200만 명을 넘었다는 기록도 있다(Choi, 2011). 1949년 중국 건국 후 동북지역에 거주하던 조선족은 55개 소수민족 중 하나로 인정되었으며 조선족이 가장 많이 거주하는 연변 지역에는 조선족자치주가 설립되었다. 제7차 전국 인구조사 보고서에 따르면 2020년 11월 기준 연변의 조선족 인구는 30.77%로, 2010년 제6차 전국 인구조사 대비 18.74% 감소했다. 조선족이 민족집거지를 떠나 다른 지역으로 이주하는 추세가 점점 더 뚜렷해지고 있음을 보여준다.

조선족 집거지인 연변에는 조선족학교와 한족학교가 있는데 한족학생들은 한족학교에 다니고 조선족 학생들은 조선족학교에 다닌다. 조선족학교에서는 조선어(한국어)로 수업하고 조선어 교과서를 사용하기 때문에 조선족 학생들의 중국어 능력은 제한적일 수 밖에 없으며, 그 결과 중국어 실력이 불균형하게 발달하는 경우가 많아 구어체보다 문어체에 능숙하지 않은 경향을 보인다(Ma, 2009). 중국어가 의사소통의 주를 이루는 대도시로 이주한 후 조선족들은 특히 글쓰기와 관련된 언어적 어려움을 겪는 경우가 많다. 이런 어려움을 극복하지 못하면 학업이나 경력에 제약을 받게 되고, 주류사회로의 통합이 일정 정도 저해를 받으며, 자기가치에 대한 부정과 소속감 부족을 야기할 수 있다(Cui & Zheng, 2021).

본고는 중국 동부의 한 대도시에서 수행되었다. 연구자 역시 연변에서 태어나 상하이의 대학에 입학하기 전 초등학교부터 고등학교까지의 과정을 조선족 학교에서 다녔다. 연구자는 상하이의 엘리트 조선족 그룹과 긴밀한 유대를 유지하고 있어 스노우볼 샘플링 방법을 이용하여 연구 참가자를 모집했다. 본고의 인터뷰 대상은 연구자와 비슷한 경험을 공유하고 있었다. 모두 연변에서 태어나 중국 대도시로 이주하여 고등교육을 받기 전까지 조선족 학교를 다녔고, 15-29년 동안 상하이에서 생활해 왔으며 상대적으로 안정적인 언어사용

습관을 형성하고 있었다(참가자 프로파일은 〈표 1〉 참조).

〈표 1〉 참가자 프로파일

No.	익명	직장/직업	이주기간 (년)
1	Yan	한국계기업	15
2	Yu	한국계기업	16
3	Hee	한국계기업	21
4	Song	한국계기업	25
5	Snow	한국계기업	20
6	Hong	한국계기업	25
7	Ming	미국계기업	25
8	Ran	미국계기업	23
9	Mee	미국계기업	23
10	Jung	미국계기업	29
11	Meng	영국계기업	23
12	Moon	일본계기업	24
13	Yoon	중국기업	15
14	Jie	중국기업	25
15	Kim	중국기업	25
16	Jing	중국기업	25
17	Lian	중국기업	21
18	Yoo	중국기업	22
19	Sunny	중국기업	16
20	Jee	중국기업	19
21	Joon	중국 지방공무원	25
22	Guo	중국대학 박사과정	20
23	Choi	중국대학 박사과정	15
24	Hwa	프리랜서 조선족 시인	16

3.2 데이터수집 및 분석

데이터의 투명성을 보장하기 위해 본고는 넷노그래피와 반구조적 인터뷰를 결합한 다중소스 데이터 수집방식을 채택했다.

<표 2> 데이터셋 정보

종류	데이터 출처	수량
넷노그래피 필드워크	위챗모멘트, 위챗 공공계정, 더우인 숏클립	스크린샷 54개, 비디오 숏클립 12개
인터뷰	비디오 인터뷰, 오프라인 인터뷰	600 분

연구방법으로서의 넷노그래피는 사이버 공간에서 자유롭게 공유되는 데이터를 분석하여 사회적 맥락에서의 인간경험에 대한 문화적 이해를 얻는 것을 목표로 한다(Kozinets, 2015). 민족지학 방법과 마찬가지로 넷노그래피는 관찰을 통해 인터뷰 대상자의 행동과 사회적 환경에 대한 풍부한 설명을 제공한다(Kozinets, 2015; Hobbs, 2006). 소셜 미디어 공간에서의 사회적 행동은 개인이 새로운 정체성을 협상하고 사회적 그룹을 형성하도록 한다. 이러한 행동은 오프라인에서의 실천과 일치할 수도 완전히 반대될 수도 있다(Blommaert, 2017; Kavanaugh & Maratea, 2020). 본고는 인터뷰 대상의 동의를 받아 위챗모멘트, 팔로우한 위챗 공공계정, 더우인에 업로드한 동영상(일부 참가자는 팔로워가 있는 더우인 크리에이터였음)에서 데이터를 수집했고 넷노그래피 필드노트를 완성했다.

일대일 반구조적 인터뷰는 인터뷰 대상자의 언어적 이데올로기와 정체성에 대한 심층적인 이해를 얻기 위해 수행되었다. 참가자 중 8명은 대면으로, 나머지 16명은 화상으로 인터뷰를 진행했다. 대면 인터뷰는 참가자들이 접근하기 쉽고 편리한 카페에서 진행되었다. 연구자와 참가자 모두 조선족임을 고려하여 반구조적 인터뷰는 주로 한국어로 진행되었으며, 가끔 푸퉁화를 사용했다. 인터뷰 대상자의 동의를 받아 인터뷰 전체를 녹음하고 나중에 문자로 전사했다. 인터뷰는 각 30−40분씩 진행되었다.

데이터 수집 과정에서 연구자는 자신의 역할을 지속적으로 반성하고, 대도시 참가자들의 정체성 변화에 대한 탐구를 통해 의미있는 인사이트를 얻을 수 있었다(Shahri, 2023). 연구자는 조선족 학교에서 공부하고 상하이로 이주한 개인적 경험을 공유함으로써 인터뷰 대상자가 자신의 이야기를 공유하도록 격려했다. 연구자는 인터뷰를 데이터 수집과정으로만 보지 않고, 상호간 이주경험과 이주 과정에서 수반되는 언어적 어려움과 정체성 혼란을 공유하는 지식공동 구축의 사회적 실천으로 삼았다(Talmy, 2010).

데이터는 귀납적 추론과 연역적 추론의 반복적인 과정을 통해 분석되었다(Merriam, 1998). 분석은 NVivo 11.0을 사용하여 진행되었으며, 다음과 같은 세 가지 단계로 구성되었다. 첫째, 인터뷰 데이터는 가치코딩(Miles, Huberman & Saldaña, 2014)을 통해 분석하였는데 코드는 귀납적으로 생성되었으며, 다양한 스케일에서의 언어적 이데올로기, 가치, 태도 및 신념 등을 반영했다. 동시에 위챗 스크린샷과 더우인 동영상에서 추출하고 필사한 텍스트 내용을 분석하였다. 넷노그래피 데이터 분석은 다양한 스케일에서의 푸퉁화와 한국어 사용에 초점을 맞추어 유사한 주제를 공유하는 데이터 청크를 클러스터링하게 되었다. 초기 결과를 바탕으로 두 번째 단계에서는 주제 간 공통점이나 패턴을 파악하기 위해 패턴코딩(Miles et al., 2014)을 적용하였다. 해당 과정은 이론적 프레임웍의 핵심 구성요소인 '공공영역과 사적영역', '관습', '언어실천' 등으로 구분했는데 최종적으로 서로 다른 스케일에 따른 세 가지 유형의 언어적 이데올로기가 발견되었다. 구체적으로 스케일에 따라 유연한 언어전환을 특징으로 하는 다언어 이데올로기, 푸퉁화만 사용하는 표준언어 이데올로기, 한국어만 사용하는 원어민 이데올로기 등이었다. 셋째 단계에서 연구자는 이러한 카테고리를 적용하여 데이터를 추가로 분석하여 세 가지 유형의 정체성을 확인하게 되었다.

4. 연구결과

단일 언어정책과 단일 언어적 이데올로기를 강조하는 국가에서, 본고는 조선족 엘리트들이 민족집거지에서 국제대도시로 이주하는 과정에 지리적 스케일의 변화와 함께 정체성과 관련된 불안감과 혼란을 경험한다고 지적한다.

> 윤: 처음 상하이에 (공부하러) 왔을 때, 솔직히 수업과 일상생활에서 푸퉁화를 사용하는 것이 매우 불편했죠. 연변에서는 거의 '한족말(푸퉁화)'를 사용하지 않았기 때문에 항상 무언가 부족하다고 느꼈어

요. 그렇다고 적응에 엄청 많은 어려움이 있었던 건 아니었고 사실 학우들과의 관계도 아주 원만했어요. 그럼에도 불구하고 연변친구들과 만나 한국어로 대화해야 마음이 편했죠. 또한 위챗 공공계정을 팔로우하고 조선족들이 업로드한 더우인 영상을 보면서 소속감을 느낄 수 있었어요. 시간이 지나면서 그게 점차 삶이 된거죠. 회사 일을 할 때에는 '한족말(푸퉁화)'을 사용하는게 오히려 더 편하고, 한국어를 사용하면 매우 어색할 것 같아요.

윤은 '푸퉁화'를 '한족말(汉族话)'이라고 언급했는데, 그가 무의식적으로 푸퉁화를 소수민족의 언어가 아닌 한족의 언어로 간주하고 있음을 보여준다. 푸퉁화를 사용하는 대도시로 이주한 후, 윤은 한족 학우들과의 원만한 관계에도 불구하고 '한족말' 만으로는 정서적 욕구를 충족시킬 수 없음을 깨달았다. 시간이 지나면서 그는 서로 다른 스케일의 공공 및 사적 영역, 디지털 및 물리적 공간에서 다른 언어를 사용하는 습관을 형성했고, 이를 통해 과거, 현재, 미래와 연결하게 되었다.

그림1. 넷노그라피 관찰에서 발견한 스크린샷

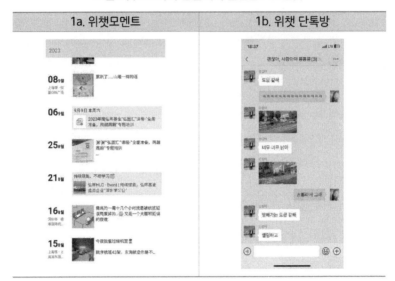

왼쪽 사진(1a)은 윤의 위챗모멘트인데 정신없이 바쁜 업무스케줄, 항공편 지연, 회사뉴스 등을 푸통화로 업로드하고 있다. 오른쪽 사진(1b)은 윤과 조선족 친구들 간의 단톡방을 캡처한 것으로, 작은 도시에 여행을 다녀온 느낌을 한국어로 '도문(연변의 작고 후진 고장)에 다녀온 것 같은 기분'이라고 쓰면서 공감하고 있다.

윤은 업무 관련 내용(회사뉴스, 출장 중 항공편 지연, 바쁜 업무 일정 등)을 위챗모멘츠에 푸통화로 작성하면서 동료 및 고객들과 공감하고 있었다. 또한 조선족 친구들과는 온라인 및 오프라인 사적 영역에서(주말 축구클럽 및 위챗 단톡방 등) 한국어를 사용하여 업무와 관련 없는 성보(여행, 건강, 다이어트 등 정보)를 공유하거나 개인적인 감정을 표현했다(그림 1b 참조). 또한 그는 조선족 그룹, 특히 연변지역 조선족 그룹과의 유대유지를 위해 한국어를 사용하는 위챗 공공계정과 더우인 크리에이터를 팔로우했다.

윤은 공식업무에서는 푸통화를, 사적인 대화에서는 한국어를 선택했던 것이다. 그에게 두 언어는 서로 다른 영역에서 공존하고 있었다. 그의 유연한 언어사용은 단일 영역에 국한되지 않고 시공간적 스케일과 사회적 스케일를 전환하며 이루어졌다. 이러한 다언어 이데올로기는 서로 다른 기대를 반영하고 있었는데 공공 영역에서는 푸통화의 실용적 가치를, 사적 영역에서는 정서적 수요를 충족시키기 위해 한국어를 사용했다. 이렇게 그는 물리적 및 디지털 스케일에서 언어사용을 달리해 국제대도시의 거주자이자 상상 속 고향의 거주자로서, 이곳과 저곳 모두에서 살고 있는 듯한 '양서류 정체성'을 구축했다.

4.2 원어민 이데올로기와 소외된 정체성

양서류 정체성을 가진 대다수와 달리, 네 명의 참여자(16.7%)는 지리적 스케일에서의 푸통화와 한국어 사이의 잠재적 긴장을 조율하는데 실패했다. 즉, 그들은 조선족 집거지에서 대도시로 이동하는 과정에 언어적 어려움을 겪고 있었던 것이다. 결과 이들은 민족집단 내에서 제한된 사회적 상호작용을 하게 되었고, 대도시의 주류에 통합하는 것을 포기하고 '다른 곳에 사는 이방인'으로서의 소외된 정체성을 가지게 되었다.

화: 많은 사람들이 왜 이런 선택을 했는지 물어요. 프리랜서 (조선족) 시

인은 상하이에서 전혀 수익창출이 안되니 궁금할만도 하죠. 저는 상하이의 대학에서 법학을 전공했고, 졸업 후에는 로펌에서 일을 했어요. 아무리 노력해도 한족 동료들보다 문서작성이나 법률상담에서 뛰어날 수 없음을 깨닫는데는 오래 걸리지 않았죠. 내가 잘하는 건 한국어 글쓰기인데 라는 생각이 계속 들던 차에 직장을 그만두고 시를 쓰기 시작했어요. 제가 쓴 시는 장백산(연변지역 조선어 문예지)에 실렸고, 2022년에는 '연변 청년작가상'도 수상했죠.

화는 도시생활과 직장생활에서 푸퉁화 사용에 어려움을 겪었으며, 한족 동료들과 경쟁하기 위해서는 자신의 제한적인 푸퉁화 실력이 큰 장애물임을 느꼈다. 이러한 한계에 좌절하여 그녀는 직장을 그만두고 상하이에서 전업주부가 되었고 푸퉁화를 사용하는 커리어 발전에 더 이상 투자하지 않기로 한 것이다. 그녀는 프리랜서 조선족 시인이 되기로 했는데, 이는 그녀가 비슷한 정체성, 언어, 문화, 집단 기억을 공유하는 연변 조선족 그룹과의 유대를 통해 의미를 찾아가는 과정을 선택했음을 뜻한다. 푸퉁화와 한국어 사이의 갈등을 해결하는 과정에서 화는 점차 원어민을 우위에 두는 원어민 이데올로기(Holliday, 2005)를 선택하게 된 것이다. 그녀는 자신의 정체성을 희생하기보다는 국제대도시에서 소외된 정체성을 선택했고 푸퉁화를 사용하는 직장에서 완전히 물러나기로 선택했다(Balibar, 2001). 따라서 그녀는 지리적으로는 고향에 살지 않지만 자신의 언어와 민족정체성을 우선시하고 이를 보호하고 강화하기 위해 의식적인 노력을 계속했다.

상하이 명문대에서 국제관계학을 공부하는 박사과정생 궈의 고군

분투에서도 유사한 모습을 찾을 수 있었다.

> 궈: 지도교수님의 다른 박사생들은 모두 학술지에 논문을 발표했지만, 저 혼자 지금 뒤처지고 있어요. 중국어 글쓰기 능력 때문에 학술논문을 쓰는게 너무 힘들어요. 대신 저는 상하이 조선족 (온라인) 독서모임에 가입했는데, 저에게는 새로운 창을 열어주었다고 생각해요. 거기서 저는 수많은 성공 사례를 들었거든요. 독서모임 회원들은 저와 비슷한 경험을 가지고 있었고 공통된 언어도 사용하고 있어 그들로부터 다양한 경험을 배울 수 있었어요.

중국 고등교육 시스템에서 오랫동안 유지된 푸퉁화의 제도적 위상은 비원어민들을 소외시켰으며(Choi, 2016), 그 결과 학술연구 및 발표를 위한 자원접근의 불평등을 초래했다. 궈는 중국어 글쓰기 능력의 부족으로 학술발표에서 좌절을 겪고 있었다. 푸퉁화가 지배적인 학문공동체에 통합되지 못한 그녀는 절망감을 느꼈고, 자신이 '뒤처지고 있다'고 느꼈다. 그녀는 지리적 스케일에서 '한족학우'로 구성된 주류그룹을 피해 비슷한 경험을 공유할 수 있는 조선족들과 교류하면서 대도시에서 살아가고 성공하기 위한 동기부여를 얻었다. 이를 기반으로 그녀는 또 다른 공간적 스케일인 디지털 공간에서 길을 찾기로 했다.

그림2. 넷노그라피 관찰에서 발견한 스크린샷

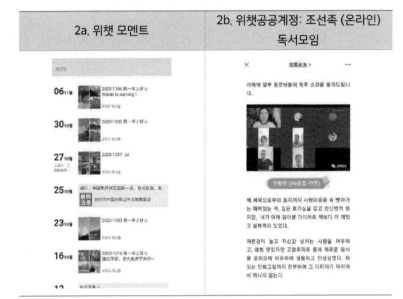

원쪽 사진(1a)은 귀의 위챗모멘트인데, 그녀는 매주 월요일마다 습관적으로 '周一早上好'라는 푸통화로 안부인사를 업로드하고 있었다. 오른쪽 사진(2b)은 그녀가 조선족 (온라인) 독서모임에서 생생하고 자세한 독후감을 공유하는 모습이다.

그림 2a는 귀가 모든 사람들이 볼 수 있는 위챗모멘츠에 캠퍼스 풍경 사진을 게시하면서 똑같은 문구로 일상을 반복함을 보여준다. 그녀는 푸통화 인사말인 '周一早上好'를 업로드하는 일상을 주기적으로 반복해 왔다. 그녀의 위챗모멘트는 대학원생이라는 사실 외에는 개인적인 삶이나 감정에 대한 디테일한 내용이 전혀 나타나지 않고 있다. 그림 2b는 귀가 조선족 소셜 네트워크(Li, Kong & Gao, 2022)

를 통해 온라인 독서모임을 주재하는 모습을 보여준다. 궈는 온라인 독서모임을 정기적으로 조직하거나 참여하는 매우 활동적인 리더로서의 모습을 드러내고 있었다. 온라인에서 한국어로 소통하는 조선족들로 구성된 디지털 스케일은 강한 동질성을 특징으로 하며, 자연스럽게 '우리'와 '타자' 간 구분을 만들어 냈다. 이 사적인 영역에서는 푸퉁화가 사라지고 궈는 한국어로 생각을 표현하고 조선족 구성원들과 깊이 있는 소통을 할 수 있었다. 이러한 가상 네트워크는 푸퉁화 사용을 우선시하는 원어민 이데올로기로 인한 상실감을 줄이고 지리적 스케일의 푸퉁화 학술커뮤니티에 통합하려는 동기를 약화시키면서 그녀의 민족적 정체성을 유지할 수 있는 기회를 제공했다.

4.3 표준언어 이데올로기와 대체적 정체성

정체성의 혼란을 겪은 참가자 중 두명(8.3%)은 표준언어 이데올로기(Lippi-Green, 2012; Milroy & Milroy, 2012; Cushing, 2021)를 선택했고 푸퉁화를 주류사회에 깊이 융합되고 성공적으로 동화된 상징으로 간주했다. 따라서 푸퉁화는 그들의 언어적 이데올로기와 언어실천의 중심에 있었다.

> 란: 저는 이제 푸퉁화를 아주 잘하고, 공식문서 작성에도 전혀 문제가 없어요. 주변 사람들이 제가 소수민족 출신이라는 것을 거의 알지 못할 정도죠. 저 역시 고등학교 동창회나 독서모임과 같은 조선족 모임에 참여한 적 있고 거기에는 일부 기업인과 대학교수도 있기는 하던데 주류에 편입하지 못하는 루저처럼 보일 뿐이었어요.

란은 '중국인'을 푸퉁화 구사 능력과 동일시하고 한족처럼 말하기 위해 노력했는데, 이는 전형적인 표준언어 이데올로기의 모습이다. 그녀는 유창한 푸퉁화로 자신의 민족정체성을 위장하여 '주변인들이 (그녀가) 소수민족 출신임을 거의 알지 못하도록' 했다. 그녀는 사회적 스케일에서의 푸퉁화 위상을 잘 알고 있었으며 조선족 커뮤니티를 '루저'라 부르면서 주류에서 배제되는 다언어 사용을 대도시 적응실패로 간주했다(Gal, 2007: 149). 따라서 그녀는 한국어와 푸퉁화 사이에 인위적인 경계(Snell, 2013)를 그리고 있었다. 표준언어 이데올로기는 언어적 편견을 초래했고, 기존의 이중언어 정체성을 단일 언어인 푸퉁화 정체성으로 대체했다.

> 준: 중국 땅에서 살고 있는 중국사람으로서 5,000년의 역사와 문화를 가진 중국, 당나라와 송나라 시 같은 전통은 우리의 문화적 뿌리이기 때문에 매우 중요하다고 생각해요.

준은 푸퉁화(普通話)와 그 밑바탕에 깔린 중국문화를 완벽하게 숙지해야만 주류사회의 완전하고 합법적인 일원이 될 수 있다고 주장했다. 피할 수 없는 현실에 부응하기 위해 그는 '5,000년 역사와 문화를 가진 중국 땅에서 살고 있다'는 거시적 국가담론을 내세워 민족적 차이로 인한 특수성을 지우기 위해 최선을 다했다. 그는 언어와 문화적 차원의 동화를 개인성공의 형태로 간주(Huntington, 2004)했던 것이다. 한편, 그는 모국어의 언어적 자원을 배제하고 푸퉁화에 각인된 문화자본을 추구하는 데만 몰두했다. 준은 이미 대체적 정체성을 기꺼이 받아들일 자세가 되어 있었고 그 바탕에는 그의 표준언어 이데올로기가 작동하고 있었다.

5. 토론

스케일 관점에서 본고는 중국 내 민족집거지에서 국제대도시로
이주한 조선족 엘리트들이 정체성을 재건하거나 유지하기 위해 다양
한 스케일에서 언어적 이데올로기를 협상하는 방식을 분석했다. 질
적데이터 분석 결과, 본 연구에 참여한 조선족 엘리트들은 언어 사
회화 과정에서 정체성 불안과 방향감 상실을 경험한 후 세 가지 유
형의 언어적 이데올로기와 세 가지 유형의 정체성을 구축하게 되었
다. 참가자 대다수는 시공간적 및 사회적 스케일을 아우르는 다언어
이데올로기를 협상하고 발전시켰다. 이들은 커리어 및 업무 분야에
서는 중국어를, 디지털 공간인 사적 영역에서는 한국어를 사용하여
두 가지 언어를 조화시킴으로써 '양서류 정체성'을 구축했다. 그 밖의
일부 참가자들은 중국어와 한국어 사이의 긴장을 조화시키는 데 실
패했으며 언어적 이데올로기를 협상하거나 수정하는 것을 포기하고
대신 지리적 스케일 내 주류그룹 정체성과 차별화된 민족정체성을
유지하기 위한 방법으로 디지털 공간이라는 또 다른 공간적 스케일
를 통해 조선족 지인들과 의미생성(mean-making)을 하고 있었다. 일
부 참가자는 푸통화(普通話)만 사용하는 표준언어 이데올로기를 선
택하여 지리적 스케일에서 성공을 거두는 데 초점을 맞추었으며, 그
결과 대체적 정체성을 형성하게 되었다.

본고의 연구결과는 전통적인 이분법적 정체성이 소수민족 출신

이민자들의 유연한 언어사용과 유동적인 정체성이라는 복잡한 현실을 완전히 해석할 수 없음을 시사한다. 예를 들어, 대부분 선행연구는 이민자들이 지배적 언어의 영향을 받아 기존 언어의 악화를 경험하면서 주류 언어를 배우고 현지 문화에 적응하려고 노력한다고 주장한다(Skutnabb-Kangas, 2000). 그 과정에서 정체성의 상실이 발생한다는 것이다(Norton, 2000). 하지만 본고는 홈-호스트, 현지인-이방인, 내부자-외부자와 같은 전통적인 이분법으로는 소수민족이 다양한 스케일에서 사용하는 언어를 정의하고 이해하는 것은 물론 정체성의 복잡한 본질과 이동성에 내재된 큰 잠재력을 설명하기에 충분치 않다고 지적한다. 본 연구에 참여한 조선족 엘리트들의 경험은 언어적 이데올로기와 정체성 간 관계가 선택과 대체의 이분법적 논리를 완전히 따르는 것은 아님을 보여준다. 오히려 대부분의 참가자들은 직업/업무 상황에서는 푸퉁화를, 사적상황에서는 한국어를 사용함으로써 하나를 얻으면 다른 하나를 필연적으로 잃게 될 것이라는 가정된 불가피성에 대한 나름대로의 회복력을 보여주었다. 실제로, 이들은 지리적, 사회적 스케일을 넘나들며 상황에 따라 의사소통 목적에 따라 언어사용을 조절하여 새로운 정체성을 활성화하면서도 민족정체성을 유지하고 있었다. 이를 통해 정체성 구축에 대한 본질주의적 관점과 정체성 간의 획일화된 경계에 도전하면서 대안적인 존재방식을 상상했고 정체성 구축, 심지어 정체성 자체변형의 가능성을 보여주었다.

하지만 모든 참가자들이 동화 중심의 프레임워크에 도전할 수 있었던 것은 아니었다. 일부 참가자가 구축한 정체성은 여전히 이분법적 논리를 따르고 있었고 결국 중국어 또는 한국어 중 하나를 선택했다. 본고의 연구결과는 정체성 협상이 언어적 이데올로기와 다양한 스케일 간의 복잡한 상호작용과 밀접한 관련이 있음을 시사한다. 예를 들어, 시공간적 스케일(예: 대학교육)에서 비표준적 푸통화 사용자로서의 구조적 불이익에 좌절한 참가자들은 스스로를 언어능력이 부족한 화자로 포지셔닝했고 결국은 다양한 스케일에서 푸통화 사용을 의도적으로 피하게 되었다. 반면, 일부는 푸통화의 가치를 주류사회 자원에 대한 접근으로 간주했고 이를 기반으로 표준언어 이데올로기를 발전시켰다(Lippi-Green, 2012; Milroy and Milroy, 2012). 이들은 국가 표준언어 사용자가 되기 위해 푸통화만을 고집했고 '하나의 국가, 하나의 언어'라는 본질주의적 시각에 빠지게 되었다(Sliashynskaya, 2019). 이들은 원래 이중언어 사용자였음에도 불구하고, 주류 대도시에서 단일언어 이데올로기의 뿌리깊은 영향으로 인해 두 언어가 갈등관계에 있다고 여겼다. 결과 원어민 이데올로기와 스케일 간 상호작용의 결과로 소외된 정체성이 구축되었고, 표준언어 이데올로기와 스케일 간 상호작용의 결과로 대체적 정체성이 형성되었다.

본고의 연구결과는 디지털 공간이 소수민족 이주민의 스케일 실천과 정체성 협상에 중요한 역할을 함을 강조한다. 물리적 세계와 가상 세계, 공공영역과 사적영역 사이의 스케일을 전환함으로써 참가자들은 특정 정체성을 전면에 내세우고 다른 정체성을 숨길 수 있었다. 예를 들어, '양서류' 정체성의 대표적인 인물인 윤은 열심히 일하는 푸퉁화 사용자로서의 정체성과 한국어를 구사하는 평범한 삶을 살아가는 정체성을 동시에 관리할 수 있었다. 궈 역시 비슷한 예인데 그녀는 푸퉁화가 지배하는 대학교육 영역에서 학업적 좌절을 겪었지만, 조선족 지인들과 함께 온라인 독서모임에서 문학에 대한 열정을 표현할 수 있었다. 미국 내 중국 유학생에 대한 Yin(2023)의 연구와 마찬가지로, 본고의 소수민족 이주민들 역시 물리적 세계와 가상세계를 넘나들며 디지털 공간의 스케일적 이점을 충분히 활용하고 있었고, 이를 통해 유동적인 정체성을 만들어 내고 있었다.

6. 결론

본고는 단일언어 정책이 시행되는 중국에서 조선족 집거지에서 국제대도시로 이동한 조선족 엘리트에 초점을 맞추었다. 다양한 스케일에서의 언어사용과 정체성 재구성, 동화 또는 유지를 조사한 결과, 조선족 엘리트들은 시간, 공간, 사회적 스케일을 넘나들면서 언어를 사용하고 있었고, 서로 다른 스케일에서 정체성 구성 요소가 달리 작용함이 증명되었다. 본고의 연구결과는 정체성 연구에 스케일이라는 추가적인 차원을 더했고, 유사한 상황에 처한 기타 소수민족 집단의 정체성 구축에 유의미한 통찰력을 제공하고, 다양한 스케일에서의 소수민족 엘리트에 대한 연구를 통해 자신을 변화시키기 위한 노력을 밝혀내는데 기여한다.

또한, 본고의 연구결과는 주류언어가 소수민족 엘리트의 스케일

이동성을 억제하는 경향이 있음을 보여준다. 이러한 제약에 대처하기 위해 본 연구에 참여한 대부분의 소수민족 엘리트는 타협 또는 포기를 선택했다. 엘리트집단이 겪고 있는 정체성 혼란에 비해 비엘리트 소수민족 집단(예: 이주노동자)은 사회적 지위의 불이익으로 언어적 도전에 더 취약할 수 있기 때문에 언어장벽과 정체성 간 갈등이 훨씬 더 심각할 것이다. 때문에 소수민족 이주민에 대해서는 이주 초기부터 주류사회 자원에 더 쉽게 접근할 수 있도록 스펙트럼 전반에 걸쳐 주류언어(예: 엘리트 그룹의 학문적 글쓰기 능력)에 대한 지원을 제공하는 것이 필요하다. 이를 통해 정체성의 조화를 달성한 '양서류 정체성'을 구축하도록 일조할 수 있을 것이다.

참고문헌

安利利、王晶莹，"中国形象的'他者'镜像"，《国际传播》2020年第4期，第67-79页。

陈锡喜，"中国共产党百年奋斗主题和'两个创造'的历史观审视"，《南京师大学报》(社会科学版)，2022年第3期，第5-12页。

程早霞，"19世纪中叶至二战结束前"纽约时报"对中国西藏的报道探析"，《中央民族大学学报(哲学社会科学版)》2019年第5期，第115-123页。

崔惠玲、王星星，"韩国高校一带一路沿线国家语言文化教育政策研究"，《韩国研究论丛》2018年第2辑，第275-286页。

《邓小平文选》(第3卷)，1993年，第229页，北京: 人民出版社。

董天美，"中亚国家语言政策的选择及评价"，《俄罗斯东欧中亚研究》2019年第5期，第109-122页。

高金萍、刘书彤，"俄罗斯主流媒体新冠肺炎舆情分析"，《中国记者》2020年第4期，第98-101页。

高陆洋，"韩国语言净化事业——'国语醇化运动'的启示"，《东北亚外语研究》2013年第2期，第58-62页。

经济参考报，"国家统计局: 我国是全球唯一实现经济正增长的主要经济体"，经济参考报，2021年2月28日，http://www.jjckb.cn/2021-02/28/c_139772849.

htm。

李伯纯，"拜登时代到来，韩国的"安美经中"战略恐难奏效"，韩国中央日报官

网，2021年，http://chinese.joins.com/news/articleView.html?idxno=100105。

李茨婷、郑咏滟，"民族志研究等同于质性研究吗?"，《外语电化教学》2015年

第3期，17-24页。

李国芳、孙茁，"加拿大华人家庭语言政策类型及成因"，《语言战略研究》2017

年第6期，46-56页。

李洪峰、赵启琛，"新冠肺炎疫情时期非洲法语主流媒体涉华报道研究"，《对

外传播》2020年第8期，第74-78页。

李星、刘巍，"新冠疫情背景下法国"世界报"建构的中国形象"，《法国研究》

2021年第1期，第101-112页。

李英姿，《美国语言政策研究》，天津: 南开大学出版社，2013年。

李英姿，"家庭语言政策研究迫在眉睫"，《中国社会科学报》，2015年12月22日第

3版。

李英姿，"中国语境中语言政策和规划概念的演变及意义"，《外语学刊》，2016

年 第3期，第15-19页。

李宇明，《儿童语言的发展》，武汉: 华中师范大学出版社，1995年。

李宇明，"语言规划学的学科构想"，《世界华文教育》2015年第1期，3-11页。

刘继南，《镜像中国:世界主流媒体中的中国形象》，北京: 中国传媒大学出版社，

2006年。

刘军、李爱华，"中国式现代化道路对资本主义文明逻辑的超越"，《中共中央

党校 (国家行政学院) 学报》，2022年第2期，第34-42页。

刘灵珊，"浅析新冠肺炎疫情期间德国主流媒体下的中国形象"，《新闻传播》

2020年第21期，第109-110页。

刘小燕，"关于传媒塑造国家形象的思考"，《国际新闻界》2002年第2期，第
　　61-66页。

刘熠，"应用语言学中的质化研究报告：定义、规范与挑战"，《外语与外语教
　　学》2015年第5期，61-65页。

《毛泽东选集》(第1卷)，1991年，第183页，北京：人民出版社。

穆彪，"中韩语言政策对比——以中韩两国对通用语言的语言政策为中心"，
　　《现代语文》2018年第6期，第151-155页。

潘志高，《纽约时报上的中国形象：政治、历史及文化成因》，郑州：河南大学出
　　版社，2003年。

裘晨晖，"国内应用语言学研究中民族志方法使用述评"，《语言教育》2015年
　　第2期，74-78页。

沈骑，"当代东亚外语教育政策发展的战略特征与趋势"，《比较教育研究》
　　2011年第9期，第64-68页。

沈骑，《外语教育政策价值国际比较研究》，上海：复旦大学出版社，2017年。

史安斌，"断裂的新闻框架：纽约时报涉华报道中'扶贫'与'人权'议题的双重
　　话语"，《新闻大学》2019年第5期，第1-12页。

田海龙，"新修辞学的落地与批评话语分析的兴起"，《当代修辞学》2015年第4
　　期，第32-40页。

田海龙，"中西医结合治疗新冠肺炎的话语研究——基于'双层—五步'框架的
　　中西医话语互动分析"，《天津外国语大学学报》2020年第2期，128-139
　　页。

邢丽菊、赵婧，"国际话语权视域下的中国国家形象建设：挑战与对策"，《东
　　北亚论坛》2021年第3期，第111-126页。

徐明华，"西方媒介话语中中国形象的'变'与'不变'——以纽约时报十年涉

华报道为例"，《现代传播》2016年第12期，第56-61页。

徐小鸽，"国际新闻传播中的国家形象问题"，《新闻与传播研究》1996年第2期，
　　　第11页。

徐玉兰，"韩国媒体中的中国国家形象———以〈朝鲜日报〉为例"，《新闻爱
　　　好者》2010年第21期，第60-62页。

杨巧燕，"话语视角下的中国国家形象探析———以'纽约时报'为例"，《世界
　　　经济与政治论坛》2020年第5期，第30-56页。

尹小荣、李国芳，"国外家庭语言规划研究综述 (2000-2016)"，《语言战略研
　　　究》 2017年第6期, 68-79页。

尹悦，"朝鲜日报和韩民族日报对中国国家形象的建构"，《延边大学学报》
　　　2020年第3期, 20-28页。

尹悦、金基石，"光复后韩国的语言生态及语言政策"，《东疆学刊》2019年第2
　　　期，第80-85页。

赵庆寺、吕伟松，"新时代中国共产党形象的海外认知与话语建构"，《马克思
　　　主义中国化研究》2021年第3期, 第27-41页。

中共中央文献研究室，《建党以来重要文献选编: 第1册》, 1992年，第111页, 北京:
　　　中央文献出版社。

中共中央文献研究室，《建党以来重要文献选编: 第1册》, 2011年, 第129页, 北
　　　京: 中央文献出版社。

中共中央文献研究室，《建党以来重要文献选编: 第1册》, 2011年, 第1页, 北京:
　　　中央文献出版社。

中共中央文献研究室，《建党以来重要文献选编: 第2册》, 1992年, 第124-125页，
　　　北京: 中央文献出版社。

中共中央文献研究室，《建党以来重要文献选编: 第9册》, 1994年，第40页, 北京:

中央文献出版社。

中共中央文献研究室, 《十八大以来重要文献选编: 上》, 2014年, 第512页, 北京: 中央文献出版社。

中共中央文献研究室, 《十三大以来重要文献选编: 上》, 2011年, 第12页, 北京: 中央文献出版社。

《周恩来文集: 下卷》, 1984年, 第412页, 北京: 人民出版社。

周玉忠, 《美国语言政策研究》, 北京: 外语教学与研究出版社, 2011年, 第1页。

Ager, D. (2001). *Motivation in Language Planning and Language Policy*. Clevedon: Multilingual Matters.

Anderson, B. (1991). *Imagined Communities: Reflections on the Origin and the Spread of Nationalism*. NY: Verso.

Bae, S. H. (2015). Complex of language ideologies in transnational movement: Korean jogi yuhak families' ambivalent attitudes towards local varieties of English in Singapore. *International Journal of Bilingual Education and Bilingualism*, 18, 643-659.

Bailey, A. J., Canagarajah, S., Lan, S., & Powers, D. G. (2016). Scalar politics, language ideologies, and the sociolinguistics of globalization among transnational Korean professionals in Hong Kong. *Journal of Sociolinguistics*, 20(3), 312–334. https://doi.org/10. 1111/josl.12186

Baker, P., Gabrielatos, C., KhosraviNik, M., Krzyżanowski, M., McEnery, T., & Wodak, R. (2008). A useful methodological synergy? Combining critical discourse analysis and corpus linguistics to examine discourses of refugees and asylum seekers in the UK press. *Discourse & Society*, 19(3), 273–306. https://doi.org/10.1177/0957926508088962.

Balibar, E. (2001). Droit de cite or Apartheid? In *We, the people of Europe?* New Jersey: Princeton University Press.

Bamgbose, A. (1989). Issues for a model of language planning. *Language Problems and Language Planning*, 13(1), 24-34.

Benoit, W. (1994). *Accounts Excuses and Apologies: A Theory of Image Restoration Strategies*. New York: State University of New York Press.

Blackledge, A., & A. Pavlenko. (2001). Negotiation of Identities in Multilingual Contexts." *International Journal of Bilingualism,* 5(3), 243–257. doi:10.11 77/13670069010050030101.

Blackledge, A., and A. Creese. (2014). *Heteroglossia as Practice and Pedagogy*. Heidelberg: Springer.

Blommaert, J. (2001). Investing narrative inequality: African asylum seekers' stories in Belgium. *Discourse and Society,* 12(4), 413-449.

Blommaert, J. (2005). *Discourse Analysis.* Cambridge University Press.

Blommaert, J. (2006). "Language policy and national identity" in *An Introduction to Language Policy: Theory and Method,* edited by Ricento, T. 238-254. Malden, MA: Blackwell.

Blommaert, J. (2007). Sociolinguistic scales. *Intercultural Pragmatics,* 4(1), 1–19. https://doi.org/10.1515/IP.2007.001

Blommaert, J. (2010). *The Sociolinguistics of Globalisation.* Cambridge University Press

Blommaert, J. (2015). Chronotopes, scales, and complexity in the study of language in society. *Annual Review of Anthropology,* 44, 105-116. https:// doi.org/10.1146/annurev-anthro-102214-014035.

Blommaert, J. (2017). Ludic membership and orthopractic mobilization: On slacktivism and all that. Tilburg Papers in *Culture Studies*, 193.

Bolton, K., & Graddol, D. (2012). "English in China today". *English Today, 28*(3), 3-9.

Borlongan, A. (2023). Migration linguistics: A synopsis. *AILA Review*, 36(1), 38-63.

Bourdieu, P. (1977). The economics of linguistic exchanges. *Social Science Information*, 16, 645-668.

Bourdieu, P. (1991). *Language and Symbolic Power*. Cambridge, MA: Harvard University Press.

Canagarajah, A. S. (2008). Language shift and the family: Questions from the Sri Lankan Tamil diaspora. *Journal of Sociolinguistics*, 12(2), 143–176.

Canagarajah, S., & De Costa, P. I. (2016). Introduction: Scales analysis, and its uses and prospects in educational linguistics. *Linguistics and Education*, 34, 1-10. https://doi.org/10.1016/j.linged.2015. 09.001

Castles, S. & M, Miller. (2003). *The Age of Migration: International Population Movements in the Modern World*. New York: Palgrave.

Catedral, L. (2018). Discursive scaling: Moral stability and neoliberal dominance in the narratives of transnational migrant women. *Discourse & Society*, 29(1), 23-42. https://doi.org/10.1177/09579 26517726111.

Choi, L. (2016). Revisiting the issue of native speakerism: 'I don't want to speak like a native speaker of English'. *Language and Education*, 30(1)72–85. https://doi.org/10.1080/09500782.2015.1089887.

Choi, M (2000). A comparative study on the general education of Korean and

American major universities. *The Journal of Educational Administration,* 18(2): 299-328.

Choi, W. (2011). A Preliminary Essay on the Study of Migration History of the Korean Minority in China. Proceeding of Chonnam National University International Conference on Korean Business Culture, 02, 275–285.

Coleman, H. (Ed.). (2011). *Dreams and realities: Developing countries and the English language.* British Council

Coleman, J.S. (1988). "Social capital in the creation of human capital". *American Journal of Sociology,* 94, 95-120.

Cooper, R. L. (1989). *Language Planning and Social Change.* Cambridge: Cambridge University Press.

Coulmas, F. (2016). *Guardians of Language: Twenty Voices through History.* Oxford: Oxford University Press.

Curdt-Christiansen, X. L. & Wang, W. H. (2018). Parents as agents of multilingual education: Family language planning in China. *Language, Culture and Curriculum,* 31(3), 235–254. https://doi.org/ 10.1080/07908318.2018.1504394

Curdt-Christiansen, X. L. (2009). Invisible and visible language planning: Ideological factors in the family language policy of Chinese immigrant families in Quebec. *Language Policy,* 8(4), 351–375. https://doi. org/10.1007/s10993-009-9146-7.

Curdt-Christiansen, X. L. (2012). Implicit learning and imperceptible influence: syncretic literacy of multilingual Chinese children. *Journal of Early Childhood Literacy,* 13(3), 348-370.

Curdt-Christiansen, X. L. (2012). Private language management in Singapore: Which language to practice and how. In A. Yeung, C. Lee, & E. Brown (Eds.), *Communication and language* (pp. 55–77). Information Age Publishing.

Curdt-Christiansen, X. L. (2013). Family language policy: Sociopolitical reality versus linguistic continuity. *Language Policy*, 12, 1–6.

Curdt-Christiansen, X. L. (2016). Conflicting language ideologies and contradictory language practices in Singaporean multilingual families. *Journal of Multilingual and Multicultural Development*, 37(7), 694–709.

Curdt-Christiansen, X. L. (2018). Family language policy. In J. W. Tollefson & M. Perez-Milans (eds.), *The Oxford Handbook of Language Policy and Planning*. 420-441. Oxford: Oxford University Press.

Curdt-Christiansen, X. L., & La Morgia, F. (2018). Managing heritage language development:

Curdt-Christiansen, X. L., & Wang, W. (2018). Parents as agents of multilingual education: family language planning in China. *Language, Culture and Curriculum*, 31(3), 235-254.

Da Costa Cabral, I. (2018). "From Dili to Dungannon: an ethnographic study of two multilingual migrant families from Timor-Leste". *International Journal of Multilingualism*, 30(15), 1-15.

Darvin, R., & Norton, B. (2015). "Identity and a model of investment in applied linguistics". *Annual Review of Applied Linguistics*, 35, 36-56.

Darvin, R., & Norton, B. (2015). Identity and a model of investment in applied linguistics. *Annual Review of Applied Linguistics*, 35, 36-56.

Davies, B., & R, Harre. (2001). Positioning: the discursive production of selves. In M. Wetherell et al. (Eds.), *Discourse, Theory and Practice* (pp. 261-271). London: Sage.

Dixon, R. M. W. (2016). *Are Some Languages Better than Others?* Oxford: Oxford University Press.

Dong, J. (2010). Neo-Liberalism and the evolvement of China's education policies on migrant children's schooling. *Journal for Critical Education Policy Studies*, 8(1), 137-160.

Dong, J., & Y, Han. (2023). Unpacking the epistemic injustice in English medium instruction: an ethnography of Bangladeshi students' language ideologies in China. *Journal of Multilingual and Multicultural Development*. doi: 10.1080/01434632.2023.2292129

Douglas Fir Group. (2016). A transdicsiplinary framework for SLA in a multilingual world. *The Modern Language Journal*, 100 (Suppl.1), 19–47. https://doi.org/10.1111/modl.12301

Duff, P. A. (2020). Multiscalar research on family language policy and planning in China: Commentary. *Current Issues in Language Planning*. https://doi.org/10.1080/14664208.2020.1840833.

Eastman, C.M. (1983). *Language Planning: An Introduction*. San Francisco: Chandler & Sharp Publishers.

Edwards, P. A. (2007). "Home literacy environments: What we know and what we need to know". In Pressley, M. (eds.), *Shaping Literacy Achievement: Research We Have, Research We Need*. 42–76. New York: Gulford Publications.

Fairclough, N., & Wodak, R. (1997). Critical discourse analysis. In van Dijk, T. A (ed.) *Discourse as Social Interaction*. London: SAGE Publications.

Fang, M. (2013). Strategy of Practice of belonging and identity for ethnic Koreans in Korea. *Social History*, 98, 227-257.

Fill, A. (1993). *Ökolinguistik: Eine Einführung*. Tübingen: Gunter Narr Verlag.

Fishman, J. A. (1973). Language modernization and planning in comparison with other types of national modernization and planning. *Language in Society*, 2(1), 23-43.

Fishman, J. A. (1991). *Reversing language shift: Theoretical and empirical foundations of assistance to threatened languages*. Multilingual Matter

Fishman, J. A. (2006). *Do Not Leave Your Language Alone: The Hidden Status Agendas Within Corpus Planning in Language Policy*. Mahwah, New Jersey: Lawrence Erlbaum Associates.

Fishman, J. A. (2006). Language maintenance, language shift, and reversing language shift. In T. Bathia & W. Ritchie (Eds.), *The handbook of bilingualism* (pp. 406–436). Blackwell.

Fleiss, J. L. (1981). *Statistical Methods for Rates and Proportion*. New York: Wiley.

Foucault, M. (1979). *Discipline and Punish*. Harmondsworth: Penguin.

Foucault, M (1972). *The Archeology of Knowledge and the Discourse on Language*. New York: Pantheon Books.

Gal, S. (2007). Multilingualism. In Llamas, C. & Mullany, L. & P. Stockwell (Eds.), *The Routledge Companion to Sociolinguistics* (pp. 35- 83). London and New York: Routledge.

Gal, S. (2016). Scale-making: Comparison and perspective as ideological projects.

In E. S. Carr & M. Lempert (Eds.), *Scale: Discourse and dimensions of social life* (pp. 91-111). University of California Press.

Gallo, S., & Hornberger, N. H. (2019). Immigration policy as family language policy: Mexican immigrant children and families in search of biliteracy. *International Journal of Bilingualism*, 23(3), 757–770.

Gamson, W & Modigliani, A (1989). Media discourse and public opinion on nuclear power: A constructionist approach. *American Journal of Sociology*, 95(1), 1-37.

Gee, J (2003). *An Introduction to Discourse Analysis: Theory and Method*. London: Routledge

Gergon, K. (1999). *An Invitation to Social Construction*. London: Sage.

Gibbons, J. & E. Ramirez. (2004). Maintaining a Minority Language: A Case Study of Hispanic Teenagers. Clevedon: Multilingual Matters.

Gomes, R. L. (2018). *Family language policy ten years on: A critical approach to family multilingualism*. Multilingual Margins, 5(2), 54–76.

Guan, X (2001). *Chaoxianzu Shuangyu Xianxiang Chengyin Lun* [On the Causes of Bilingualism in the Korean Community]. Beijing: Minzu Press.

Hall, R. A, (1950). *Leave Your Language Alone!*. Ithaca: Linguistica.

Hall, S. (1996). "Introduction: who needs identity?" in Hall, S., & Du Gay, P. (eds.) *Questions of Cultural Identity*. 1-17. London: Sage.

Han, J. & Kim, Y. (2021). A content-analyzing study on Korean newspapers' quoting foreign news about South Korea's response to COVID-19. *Korean Journal of Communication & Information,* (2), 98-133.

Han, Y., De Costa, P. I., & Cui, Y. (2019). Exploring the language policy and planning/second language acquisition interface: Ecological insights from a Uyghur youth in China. *Language Policy*, 18(1), 65–86.

Hartmann, H. (1984). Sprachplanung und Prestigeplanung. *Europa Ethnica*, 41(2), 81-89.

Hartmann, H. (1986). *Language in Ethnicity: A View of Basic Ecological Relations*. Berlin: Mouton de Gruyter.

Hartmann, H. (1990). Language planning in the light of a general theory of language: A methodological framework. *International Journal of the Sociology of Language*, 86, 103-126.

Haugen, E. (1959). Planning for a standard language in modern Norway. *Anthropological Linguistics*, 1(3), 8-21.

Haugen, E. (1966a). *Language Conflict and Language Planning: The Case of Modern Norwegian*. Cambridge, MA: Harvard University Press.

Haugen, E. (1966b). Linguistic and language planning. In W. Bright (Ed.), Sociolinguistics: Proceedings of the UCLA Sociolinguistics Conference (pp. 50-71). The Hague: Mouton.

Haugen, E. (1966c). Dialect, language, nation. *American Anthropologist*, 68(4), 922-935.

Herod, A., & Wright, M. (2002). Placing scale: An introduction. In A. Herod & M. Wright (Eds.), *Geographies of Power: Placing Scale* (pp. 1–14). Blackwell Publishers.

Higgins, C. (2018). The mesolevel of family language policy. *International Journal of Multilingualism*, 15(3), 306–312.

Hobbs, D. (2006). The SAGE Dictionary of Social Research Methods. In.

doi:10.4135/9780857020116.

Hodges, R., & Prys, C. (2019). The community as a language planning crossroads: Macro and micro language planning in communities in Wales. *Current Issues in Language Planning*, 20(3), 207– 225.

Holliday, A. (2005). *The struggle to teach English as an international language.* Oxford: Oxford University Press

Hong, Y. (2019). Narrative inquiry as a 'relational research'. *Journal of Qualitative Inquiry*, 5(1), 81-107.

Hornberger, N. H. (1988). *Bilingual Education and Language Maintenance.* Dordrecht: Foris Publications.

Hornberger, N. H. (2002). Multilingual language policies and the continua of biliteracy: An ecological approach. *Language Policy*, 1, 27–51.

Hornberger, N. H. (2006). Frameworks and models in language policy and planning. In T. Ricento (Ed.), *An introduction to language policy: Theory and method* (pp. 24–41). Blackwell.

Hornberger, N. H., & Johnson, D. C. (2007). Slicing the onion ethnographically: Layers and spaces in multilingual language education. *TESOL Quarterly*, 41(3), 509–532.

Huntington, S. (2004). *Who Are We?: The Challenges to America's National Identity.* New York: Simon & Schuster.

Hymes, D. (1980). Ethnographic Monitoring. In D. Hymes (ed.), *Language in Education: Ethnolinguistic Essays.* Washington, D.C.: Center for Applied Linguistics.

Hyong, J.(2019). Multiple Issues of multi-cultural policy between Korea and

Japan. *Humanities Studies East and West*, 57, 7-27.

International Organization for Migration. (2019). *World migration report 2020*. Geneva: The Author.

Jeon, M. (2008). Korean Heritage Language Maintenance and Language Ideology. *Heritage Language Journal*, 6 (2): 54–71.

Kang, H. (2013). Korean-Immigrant Parents' Support of Their American-Born Children's Development and Maintenance of the Home Language. *Early Childhood Education Journal*, 41 (6): 431–438.

Kaplan, R. B., & Baldauf, R. B. (Eds.) (2008). *Language Planning and Policy Set*. Clevedon: Multilingual Matters.

Kaplan, R. B., & Baldauf, R. B.(1997). *Language Planning: From Practice to Theory*. Clevedon: Multilingual Matters.

Kaplan, R. B., & Baldauf, R. B.(2003). *Language and Language-in-Education Planning in the Pacific Basin*. Dordrecht: Kluwer Academic Publishers.

Kavanaugh, P. R., & Maratea, R. J. (2020). Digital Ethnography in an Age of Information Warfare: Notes from the Field. *Journal of Contemporary Ethnography*, 49(1), 3-26. doi:10.1177/0891241619854123.

Kim, H. (2021). A Study on the history, cultural topography, and national consciousness of Goryeo people's society in the Former Soviet Union Orbit : Focusing on the media, schools, and communities. *Cogito*, 95, 39-72.

Kim, J. (2014). The identities and images of Korea, China, and Japan in Korean newspapers: focusing on the discourse of developed country. *Social Science Studies*, (22)1, 110-146.

King, K. A. & Fogle, L. (2006). Bilingual parenting as good parenting: Parents' perspectives on family language policy for additive bilingualism. *International Journal of Bilingual Education and Bilingualism*, 9(6), 695–712. https://doi.org/10.2167/beb362.0

King, K. A., & Fogle, L. (2013). Family language policy and bilingual parenting. *Language Teaching*, 46(2), 172–194.

King, K. A., Fogle, L. & Logan-Terry, A. (2008). Family language policy. *Language and Linguistics Compass*, 2(5), 907–922.

Kozinets, R. V. (2015). *Netnography Redefined*. London: Sage.

Kress, G. (2001). From Saussure to critical sociolinguistics: The turn towards a social view of language. In Margaret.W , Taylor, S & Yates, S (eds.) *Discourse Theory: A Reader*. London: SAGE Publications

Kroskrity, P. V. (2004). Language Ideologies. In A. Duranti, *A Companion to Linguistic Anthropology*, 496–517. Malden: Blackwell.

Lee, C. (2017). Language learner's identity and language investment. *The Journal of Humanities*, 55, 165-190.

Lee, J. (2006). Korean newspaper editorial view of China. *Journal of Chinese Literature*, 49, 253-268.

Lempert, M. (2012). Interaction rescaled: How monastic debate became a diasporic pedagogy. *Anthropology & Education Quarterly*, 43(2), 138-156. https://doi.org/10.1111/j.1548-1492.2012. 01166.x

Li, C., Kong, W., & Gao X. (2022). International doctoral students' academic socialization in China: A social network analysis. *Research Papers in Education*. doi: 10.1080/02671522.2022.2125056.

Li, G. (2007). "Home environment and second language acquisition: The importance of family capital". *British Journal of Sociology of Education*, 28(3), 285-299.

Li, M., & Cui, J. (2019). "Shaoshu minzu renkou liudong yu bianjiang shehui zhili kunjing [Chinese ethnic minority migration and the dilemma of social governance in border areas]". *Chongqing Sanxia Xueyuan Xuebao* [Journal of Chongqing Three Gorges University] 182, 40-48.

Li, Y., & Li, W. (Eds.). (2015). *Language situation in China* (Vol. 3). De Gruyter.

Liddicoat, A. J., & Baldauf, R. B. (2008). *Language planning in local contexts*. Multilingual Matters.

Lippi-Green, R. (2012). *English with an Accent: Language, Ideology, and Discrimination in the United States* (2nd ed). Abingdon: Routledge.

Lippmann, W. (1992). *Public Opinion*. New York: Penguin Books.

Lo Bianco, J. (1987). *National Policy on Languages*. Canberra: Australian Government Publishing.

Ma, J. (2009). Current analysis of bilingualism at YeonByon. *International Society of Korean Language and Literature*, 1, 57-90.

Maalouf, A. (2000). *On Identity*. London: The Harvill Press.

Mackey, W.F. (2010). The History and Origins of Language Policies in Canada. In Morris, M. (Ed.), *Canadian Language Policies in Comparative Perspective*. Montreal & Kingston: McGill Queen's University Press.

Mann, L. (1974). Counting the crowd: Effects of editorial policy on estimates. *Journalism Quarterly*, 51(2), 278-285.

Marginson, S. (2014). Student self-formation in international education.

Journal of Studies in International Education, 18(1), 6-22. https://doi. org/10.1177/1028315313513036.

McCarty, T.L. (2016). Language Planning and Policy in Native America: History, Theory and Praxis. *Journal of Language, Identity & Education*, 15(4), 263–264.

Merriam, B. (2009). *Qualitative Research: A Guide to Design and Implementation*. San Francisco, CA: Jossey-Bass.

Miles, M. B., Huberman, A. M., & Saldaña, J. (2014). *Qualitative Data Analysis: A Methods Sourcebook*. Sage Thousand Oaks.

Miles, M. B., Huberman, A. M., & Saldaña, J. (2014). *Qualitative Data Analysis: A Methods Sourcebook*. Sage Thousand Oaks.

Milroy, J., & L. Milroy. (2012). *Authority in Language: Investigating Standard English*. 4th ed. London: Routledge

MOE. (2009). *Law on the Standard Spoken and Written Chinese Language of the People's Republic of China*. http://en.moe.gov.cn/Resources/Laws_and_ Policies/201506/t20150626_191388.html. accessed 19 March, 2024.

Moffitt, M. (1994). A cultural studies perspective toward understanding corporate images. *Journal of Public Relations Research*, 6(1), 41-66.

Moore, A. (2008). Rethinking scale as a geographical category: From analysis to practice. *Progress in Human Geography*, 32(2), 203-225. https://doi. org/10.1177/0309132507087647.

Mufwene, S. S. (2004). Language birth and death. *Annual Review of Anthropology*, 33, 201–222.

Mufwene, S.S. (1989). Language ecology, language evolution, and the actuation question. In Afarli, T. & Maelhum, B., (Ed.) *Language Contact and Change: Grammatical Structure Encounters the fluidity of Language.* Amsterdam: John Benjamins.

Mufwene, S.S. (2004). Language birth and death. *Annual Review of Anthropology,* 33: 201-222.

Nahir, M. (1984). Language planning goals: A classification. *Language Problems and Language Planning,* 8(3), 294-327.

Norris, J & N, Mills. (2016). *Innovation and Accountability in Language Program Evaluation.* Boston: Cengage Learning.

Norton Peirce, B. (1995). Social identity, investment, and language learning. *TESOL Quarterly,* 29, 9-31.

Norton, B. (2000). *Identity and Language Learning: Gender, Ethnicity and Educational Change.* Harlow, UK: Longman/Pearson Education.

Norton, B. (2013). *Identity and Language Learning: Extending the Conversation* (2nd ed.). Bristol, UK: Multilingual Matters.

Palviainen, Å. & Bergroth, M. (2018). Parental discourses of language ideology and linguistic identity in multilingual Finland. *International Journal of Multilingualism,* 15(3), 262-275.

Park, J. (2018). Tasks and prospects for African languages teaching under the act on the promotion of education of critical foreign languages. *Journal of the Korean Association of African Studies,* 55: 61-87.

Park, K. (2012). Change in language identity and language use of ethnic Koreans living in Jilin, China, *The Sociolinguistic Journal of Korea,* 26(4), 57-90.

Park, M. (2022). Language ideologies, heritage language use, and identity construction among 1.5-generation Korean immigrants in New Zealand. *International Journal of Bilingual Education and Bilingualism*, 25(7), 2469-2481. doi: 10.1080/13670050.2021.1913988

Park, S. M., & M. Sarkar. (2007). Parents' attitudes toward heritage language maintenance for their children and their efforts to help their children maintain the heritage language: A case study of Korean-Canadian immigrants. *Language, Culture and Curriculum*, 20(3): 223–235. doi:10.2167/lcc337.0.

Pauwels, A. (2011). Future directions for the learning of languages in universities: challenges and opportunities. *Language Learning Journal*, 39 (2): 247–257.

Peirce, B. (1995). Social identity, investment, and language learning. *TESOL Quarterly*, 29(1), 9-31.

Phillipson, R. (1992). *Linguistic imperialism*. Oxford: Oxford University Press.

Phillipson, R. (2003). *English-Only Europe: Challenging Language Policy*. Oxford: Oxford University Press.

Piao, S. (2013). "Zhonghan jianjiao dui chaoxianzu renkou liudong de yingxiang [The influence of China and Korea establishing diplomatic relations on the population flowing of Korea Nationality]". *Heilongjiang Minzu Congkan* [Heilongjiang National Series] 133, 35-39.

Reisigl, M. & Wodak, R. (2009). The discourse-historical approach. In Wodak, R & Meyer, M. (eds.) *Methods of Critical Discourse Analysis*. London: SAGE Publications.

Ricento, T. (Ed.) (2000). Historical and theoretical perspectives in language policy and planning. *Journal of Sociolinguistics*, 4(2), 196-213.

Ricento, T. (Ed.) (2006). *An Introduction to Language Policy: Theory and Method*. Malden, MA: Blackwell Publishing.

Ricento, T. K. (2000). Historical and theoretical perspectives in language policy and planning. *Journal of Sociolinguistics*, 4(2), 196–213.

Ricento, T. K., & Hornberger, N. H. (1996). Unpeeling the onion. Language policy and the ELT professional. *TESOL Quarterly*, 30(3), 401–427.

Rosovsky, H. (1990). *The University: An Owner's Manual*. New York: W. W. Norton & Co.

Rubin, J., & Jernudd, B.H. (Eds.) (1971). *Can Language be Planned? Sociolinguistic Theory and Practice for Developing Nations*. Honolulu: The University Press of Hawaii.

Ruiz, R. (1984). Orientations in language planning. *NABE Journal*, 8(2), 15-34.

Ryu, S. (2009). A study on relationships between drama viewing and national image in Korean and Japanese viewers, *Korean Journal of Broadcasting & Telecommunications Research*, 68, 193-220.

Schwartz, M. (2010). "Family language policy: Core issues of an emerging field". *Applied Linguistic Review*, 1, 171-191.

Semetko, A. & Valkenburg, M. (2000). Framing European politics: A content analysis of press and television news. *Journal of Communication*, 5(2), 93–109.

Seloni, L. & Y. Sarfati. (2013). (Trans)national language ideologies and family language practices: a life history inquiry of Jdeo-Spanish in Turkey. *Language Policy*, 12(1): 7-26.

Shahri, N. (2023). Rapport in research interviews: An interdiscursive perspective. *System*, 119. https://doi.org/10.1016/j.system.2023.103165.

Shen, Q., & Gao, X. S. (2019). Multilingualism and policy making in Greater China: Ideological and implementational space. *Language Policy*, 18(1): 1-16.

Shen, Q., Wang, L. & Gao, X. S. (2020) "An ecological approach to family language policy research: the case of Miao families in China". *Current Issues in Language Planning*. doi: 10.1080/14664208.2020.1764730.

Shin, J. & E, Kim. (2018). Analysis and evaluation on general education foreign language programs of Korean universities. *European society and culture*, 21: 147-174.

Silverstein, M. (1979). Language structure and linguistic ideology. In Paul R. C, William F. H. & Carol L. H. (eds.) The Elements. *Chicago Linguistic Society*. 193-248.

Skutnabb-Kangas, T. (2000). *Linguistic Genocide in Education—Or Worldwide Diversity and Human Rights*. London: Lawrence Erlbaum Associates.

Sliashynskaya, H. (2019) 'One nation, two languages': representations of official languages on multilingual news websites in Belarus. *Journal of Multilingual and Multicultural Development*, 40(4), 274-288. doi: 10.1080/01434632.2018.1505896

Smith, A. (1981). *The Ethnic Revival in the Modern World*. New York: Cambridge University Press.

Smith, M. & Kim, D. (2015). English and Linguistic Imperialism: A Korean Perspective in the Age of Globalization. *The Journal of Mirae English*

Language and Literature, 20(2), 331-350.

Son, J. (2012). *Study on adaptation process for Korean family culture for Pilipino migrant women for marriage: Focusing on grounded theory*. Master's Thesis. Chosun University.

Song, J. (2010). "Language ideology and identity in transnational space: globalization, migration, and bilingualism among Korean families in the USA". *International Journal of Bilingual Education and Bilingualism*, 13(1), 23-42.

Song, Y. (2005). A study on the rhetorical devices to enhance the factuality in the news of the society pages in Korean national newspapers, *Korean Journal of Journalism & Communication Studies*, 49(3), 80-104.

Spolsky, B. (2004). *Language Policy*. Cambridge: Cambridge University Press.

Spolsky, B. (2009). *Language Management*. Cambridge: Cambridge University Press.

Spolsky, B. (2012). Family language policy—The critical domain. *Journal of Multilingual and Multicultural Development*, 33(1), 3–11.

Spolsky, B., & Shohamy, E. (1999). *The Languages of Israel: Policy, Ideology and Practice*. Clevedon: Multilingual Matters.

Stemper, K.D. & King, K. (2002). *Language Planning and Policy*. John Wiley & Sons.

Sullivan, H. (2006). The importance of program evaluation in collegiate foreign language program. *Modern Language Journal*, 90(4): 590-593.

Talmy, S (2010). "Qualitative interviews in applied linguistics: From research instrument to social practice". *Annual Review of Applied Linguistics*, 30,

128-148.

Tannenbaum, M. (2012). Family language policy as a form of coping or defence mechanism. *Journal of Multilingual and Multicultural Development*, 33(1), 57–66.

Tauli, V. (1968). *Introduction to a Theory of Language Planning*. Uppsala: Almqvist & Wiksells.

Thorburn, T. (1971). Cost-benefit analysis in language planning. In Rubin, J., & Jernudd, B.H. (Eds.) (1971). *Can Language be Planned? Sociolinguistic Theory and Practice for Developing Nations*. Honolulu: The University Press of Hawaii.

Tollefson, J.W. (1991). Planning Language, Planning Inequality: *Language Policy in the Community*. London & New York: Longman.

Tonkin, H. (2017). Naturalizing a Planned Language: Esperanto and the Promotion of Linguistic Diversity. In Maryam, B., (Ed.) *Language and Globalization: An Autoethnographic Approach*. New York & London: Routledge. 144-157.

van Dijk, T. A. (2012). Critical discourse studies. In Tian, H & Zhao, P (eds.) *Critical Discourse Analysis: Essential Readings*. Tianjin: Nankai University Press.

Van Sterkenburg, P. (Ed.) (2004). *Linguistics Today-Facing a Greater Challenge*. Amsterdam/Philadelphia: John Benjamins Publishing Company.

Wang, W. & Curdt-Christiansen, X. L. (2020). Lost in translation: parents as medium translators in intergenerational language transmission. *Current Issues in Language Planning*. doi: 10.1080/14664208.2020.1763022.

Wee, L. (2008). "Linguistic instrumentalism in Singapore". In P. K. W. Tan & R. Rubdy (eds.), *Language as Commodity*. 31-44. London: Continuum.

Weedon, C. (1987). *Feminist Practice and Poststructuralist Theory*. New York: Basil Blackwell.

Weinstein, B. (1980). Language planning in Francophone Africa. *Language Problems and Language Planning*, 4(1), 55-77.

Wenger, E. (1998). *Communities of Practice: Learning, Meaning, and Identity*. Cambridge, MA: Cambridge University Press.

Wiley, T. G., & García, O. (2016). Language policy and planning in language education: Legacies, consequences, and possibilities. *The Modern Language Journal*, 100(S1), 48–63.

Wodak, R. (2000). Recontextualisation and the transformation of meanings: A critical discourse analysis of decision making in EU meetings about employment policies. In Sarangi, S. & Coulthard, M. (eds.), *Discourse and Social Life*. London: Longman,.

Wodak, R. (2011). Complex texts: analyzing, understanding, explaining and interpreting meanings. *Discourse Studies*, 5: 623-633.

Wong Fillmore, L. (1991). When learning a second language means losing the first. *Early Childhood Research Quarterly*, 6, 323–346.

Xu, H. (2019). Putonghua as 'admission ticket' to linguistic market in minority regions in China. *Language Policy*, 18(1), 17-37.

Yang, H. & Curdt-Christiansen, X. L. (2020). "Conflicting linguistic identities: language choices of parents and their children in rural migrant workers' families". *Current Issues in Language Planning*. doi:

10.1080/14664208.2020.1748370.

Yin, P. (2023). Scaling and the formation of borderland subjectivities: A study of identity construction among Chinese international students in the United States. *Asia Pacific Education Review*. https://doi.org/10.1007/s12564-023-09893-7.

Yoon, E. & Y, Lee. (2018). A comparative study on the curriculum of general education across 9 universities of the world to improve the system. *Korean Journal of General Education*, 12(2): 259-286.

Zhang, J. & Y. Li. (2015). Evaluation of Korean Bilingual Education in Yanbian Region and the Issue of Language Convergence. *Bilingual Education Studies*, 4, 14–20.

Zhang, L., & Tsung, T. H. L. (2019). "Tibetan bilingual education in Qinghai: Government policy vs. Family language practice". *International Journal of Bilingual Education and Bilingualism*, 22(3), 290–302.

Zhang, Q. (2013). Language policy and ideology: Greater China. In R. Barley, R. Cameron, & C. Lucas (Eds.), *The Oxford handbook of sociolinguistics* (pp. 563–586). Oxford University Press.

Zheng, Y., & Z. Mei. (2020). Two Worlds in One City: A Sociopolitical Perspective on Chinese Urban Families' Language Planning. *Current Issues in Language Planning*. doi:10.1080/14664208.2020.1751491.

Zhu Hua, & Li Wei. (2016). "Transnational experience, aspiration and family language policy". *Journal of Multilingual and Multicultural Development* 37(7), 655-666.